PIANO · VOCAL · GUITAR

P9-ELQ-127

THE BEST ACOUSTIC ROCK SONGS EVER

This publication is not for sale in the EU.

ISBN 978-0-634-05908-7

HAL•LEONARD®
CORPORATION
7777 W. BLUEMOUND RD. P.O. BOX 13819 MILWAUKEE, WI 53213

THE BEST ACOUSTIC

ROCK SONGS EVER

ABOUT A GIRL

Words and Music by
KURT COBAIN

Medium Rock

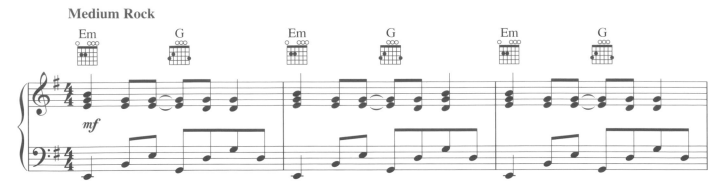

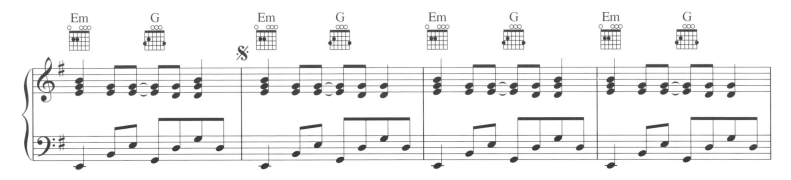

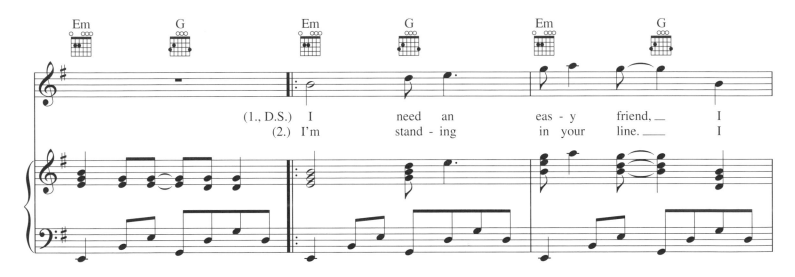

(1., D.S.) I need an eas-y friend, ___ I
(2.) I'm stand-ing in your line. ___ I

do, with an ear to ___ lend. I do think you
do hope you have the ___ time. ___ I do think pick a

fit this shoe, __ I do, but you have a __ clue. __
num-ber to, __ I do, keep a date with __ you. __

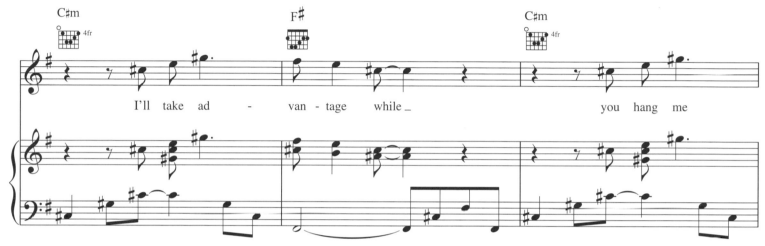

I'll take ad - van - tage while __ you hang me

To Coda

out to dry, __ but I can't see you ev-'ry night __

free. I do.

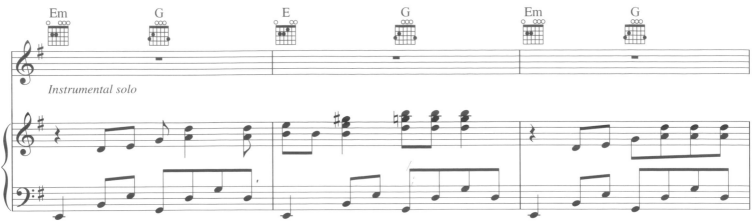

Instrumental solo

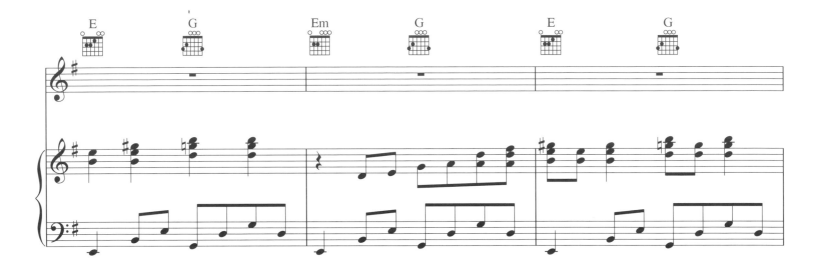

D.S. al Coda

Solo ends

I can't see you ev - 'ry night ___

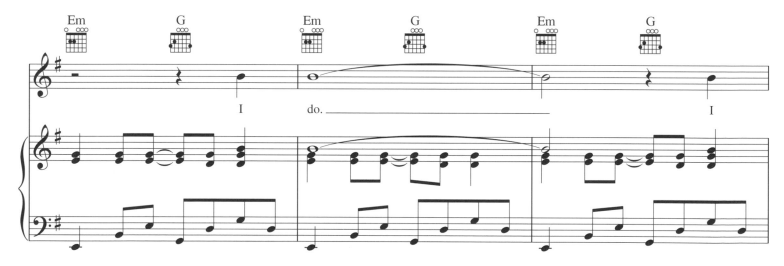

free. ___   I do.

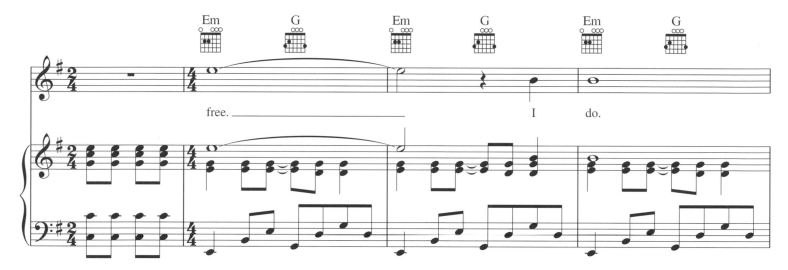

I   do. ___   I

do. ___   I   do.

ADIA

Words and Music by SARAH McLACHLAN
and PIERRE MARCHAND

A-di-a, I do believe I failed you.

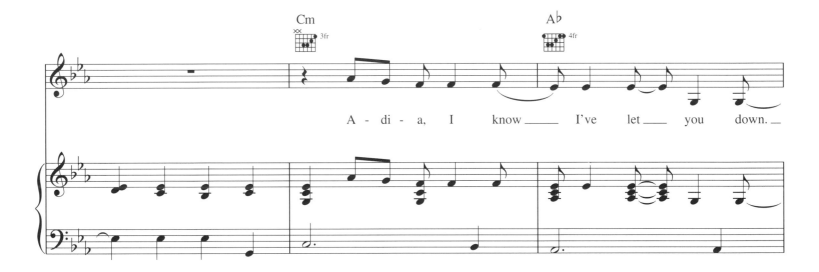

A-di-a, I know I've let you down.

Don't you know I tried so hard to

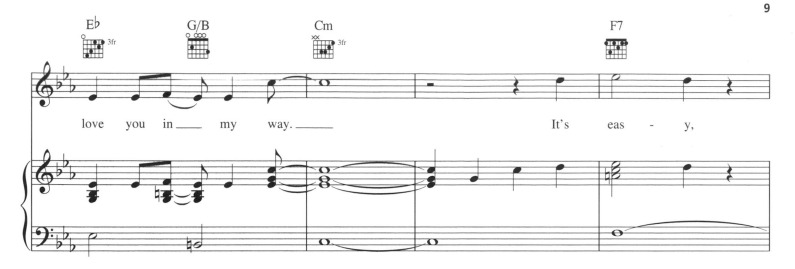

love you in ____ my way. _____ It's eas - y,

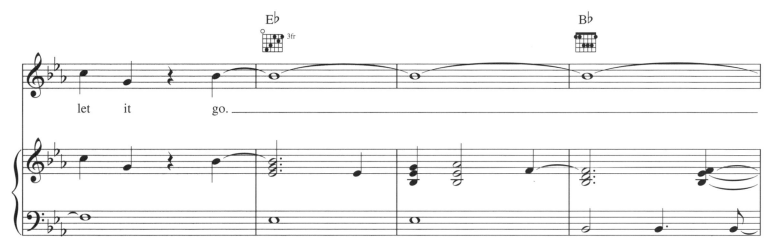

let it go. _____

___ A - di - a, I'm emp - ty since ___ you left ___
A - di - a, I thought _____ that we ___ could make ___

___ me. ___ Try - ing to find a way _____ to car - ry on. ___
___ it. ___ I know I can't change _____ the way ___ you feel. ___

ain't no one ___ to buy ___ our in - no - cence 'cause
if you'd on - ly let ___ your - self be - lieve that

we are born ___ in - no - cent. ___

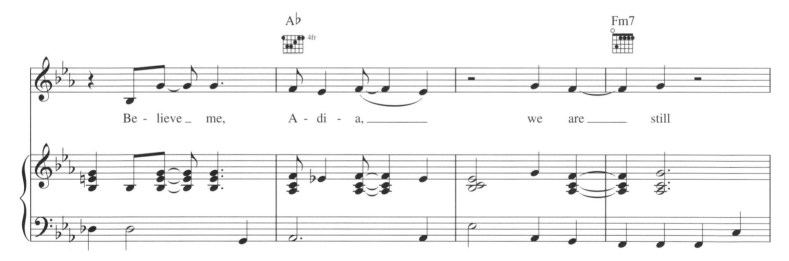

Be - lieve _ me, A - di - a, ___ we are ___ still

in - no - cent. ___ It's eas - y,

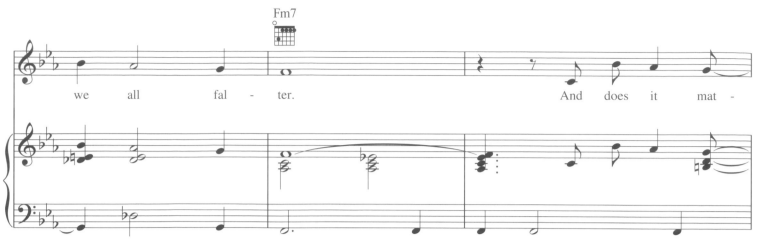

we all fal - ter.   And does it mat -

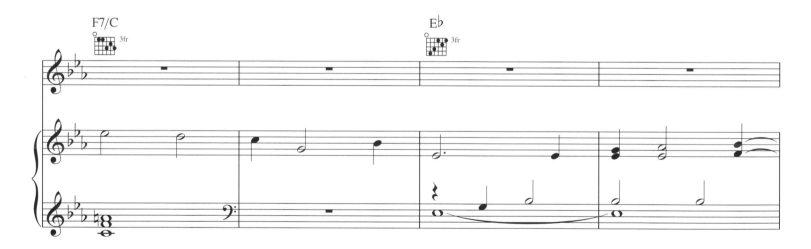

- ter? __   - ter? __

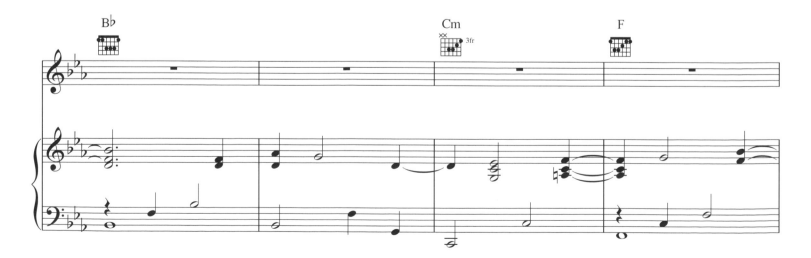

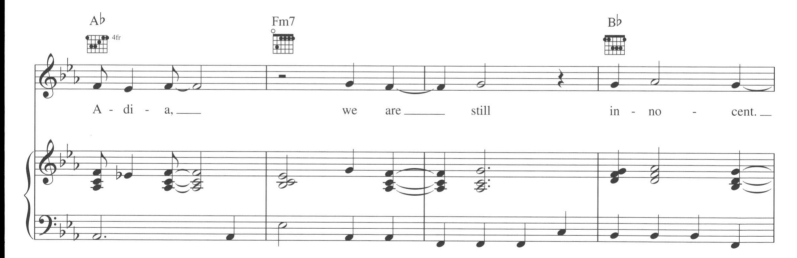

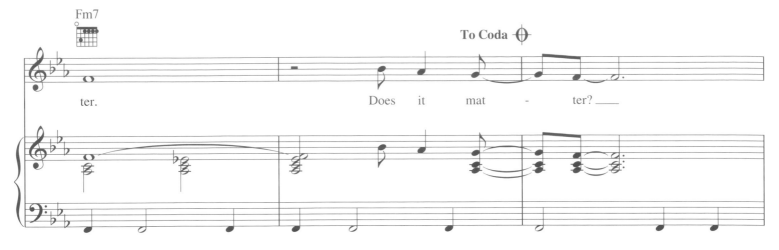

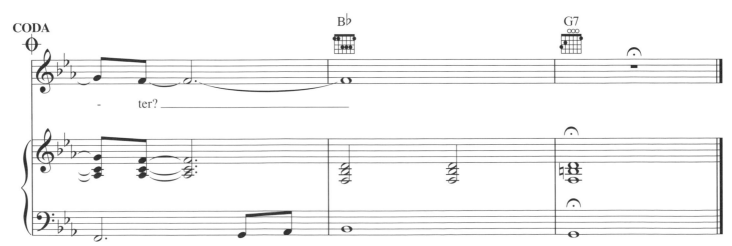

AGAINST THE WIND

Words and Music by
BOB SEGER

noth - in' left ___ to burn ___ and noth - in' left to prove. ___
wor - ried a - bout pay - in', or e - ven how much I owed. ___

End Instrumental

And I re - mem - ber what she ___ said to
Mov - in' eight miles a min - ute for months at a
Well, those drift - er's days are ___ past me

me, ___ how she swore ___ that it nev - er would end. ___
time, ___ break - in' all ___ of the rules ___ that would bend, ___
now. ___ I've got so ___ much more to ___ think a - bout: ___

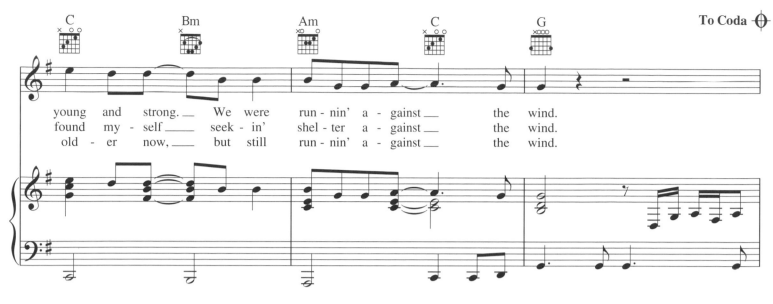

young and strong.__ We were run - nin' a - gainst __ the wind.
found my - self __ seek - in' shel - ter a - gainst __ the wind.
old - er now, __ but still run - nin' a - gainst __ the wind.

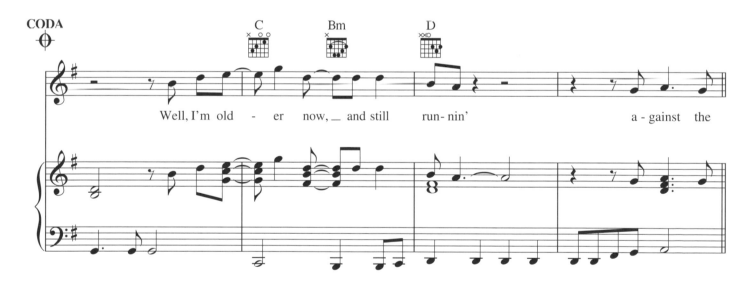

Well, I'm old - er now, __ and still run - nin' a - gainst the

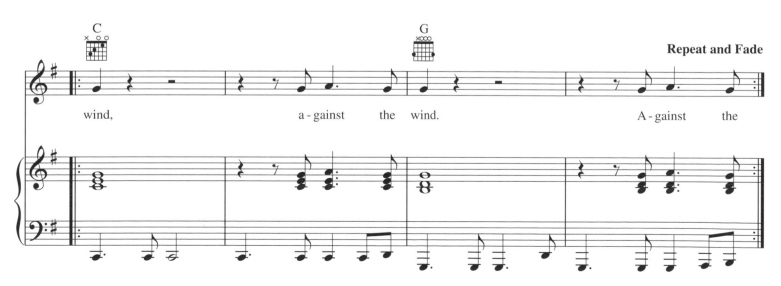

wind, a - gainst the wind. A - gainst the

ANGIE

Words and Music by MICK JAGGER
and KEITH RICHARDS

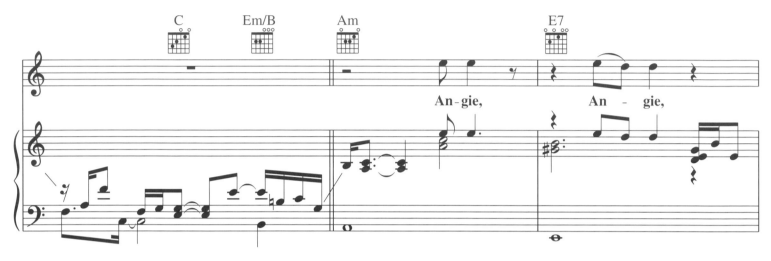

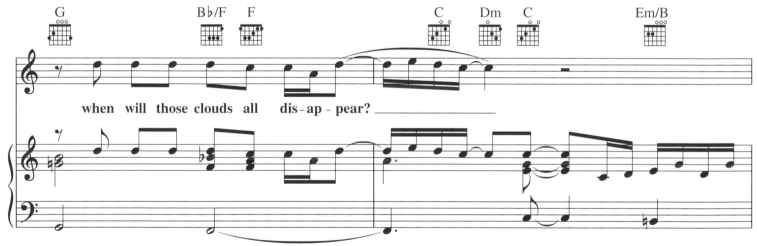

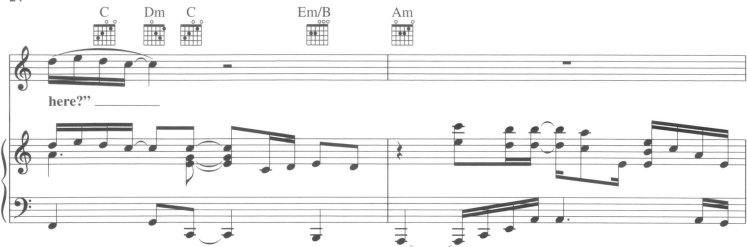

here?" _____

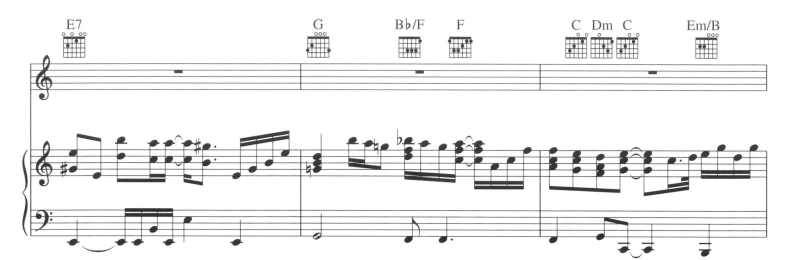

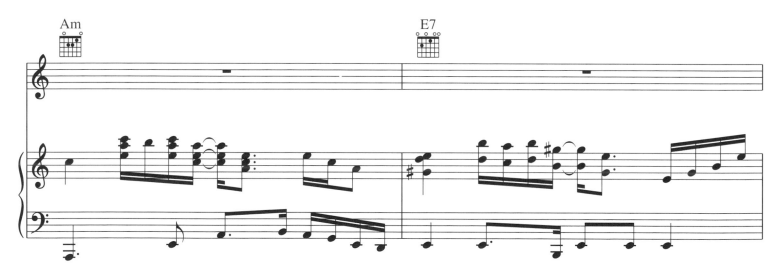

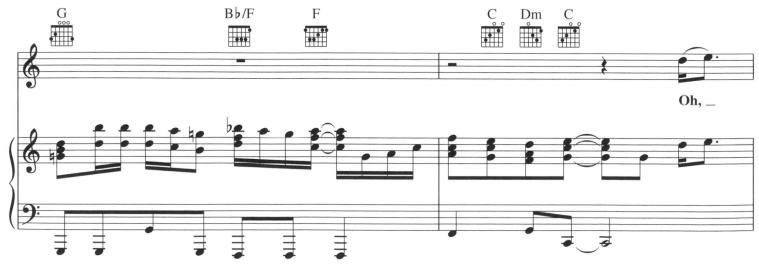

Oh, __

An - gie, don't _ you weep, all your kiss - es still taste sweet.

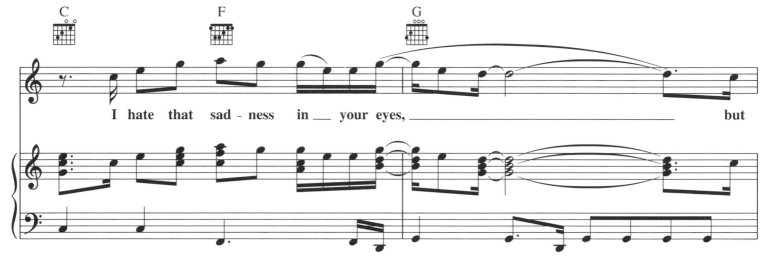

I hate that sad - ness in _ your eyes, _____ but

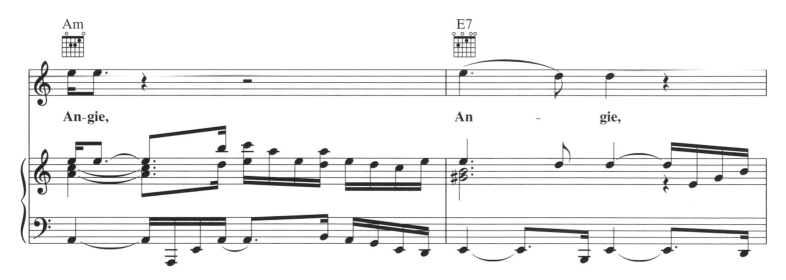

An-gie, An - gie,

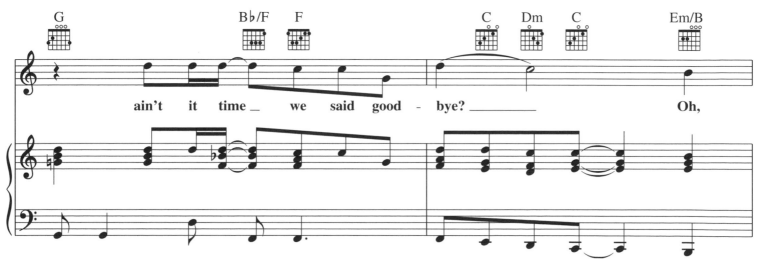

ain't it time _ we said good - bye? _____ Oh,

yes.

With no lov-ing in our souls _ and no mon-ey in our coats, _ you can't say _ we're sat-is-fied, _____ but

An-gie, I still _ love you, ba - by.

Ev-'ry-where I ___ look I see your eyes. ___

There ain't a wom - an that _ comes _ close to you.

Come on, ba - by, dry _ your eyes. _____ But

An-gie,   **An - gie,**

ain't it good to be a - live? _____

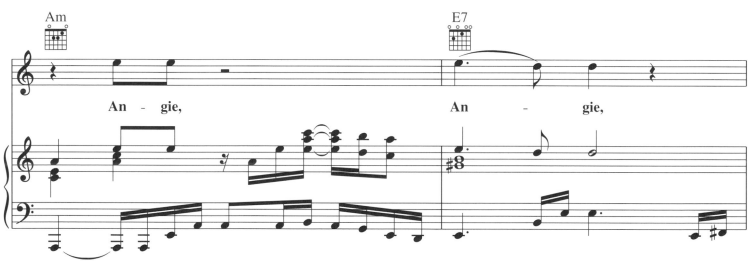

An - gie,   **An - gie,**

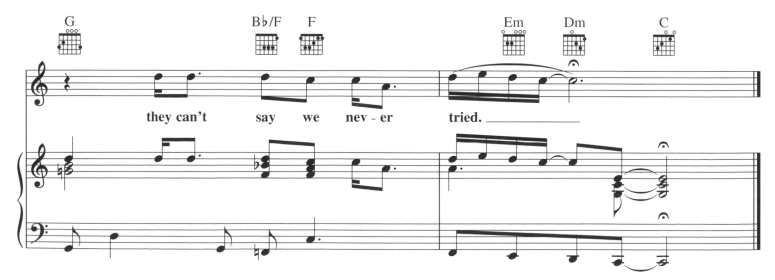

they can't say we nev - er tried. _____

BEHIND BLUE EYES

Words and Music by
PETE TOWNSHEND

to be hat - ed, to be fat - ed
on their an - ger. None of my pain and woe

to tell - ing on - ly lies.
can show _ through. _

But my dreams, _____

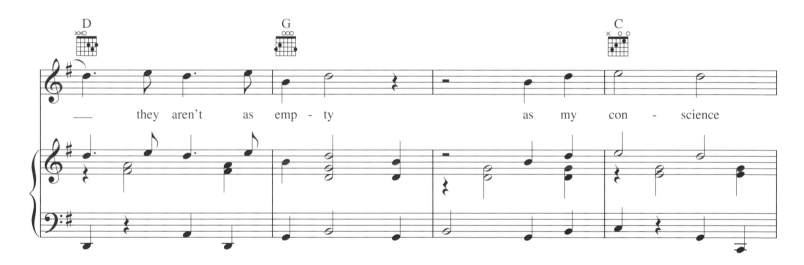

_____ they aren't as emp - ty as my con - science

seems _____ to be. _____ I have hours _____

on - ly lone - ly. _____ My love is ven - geance _____

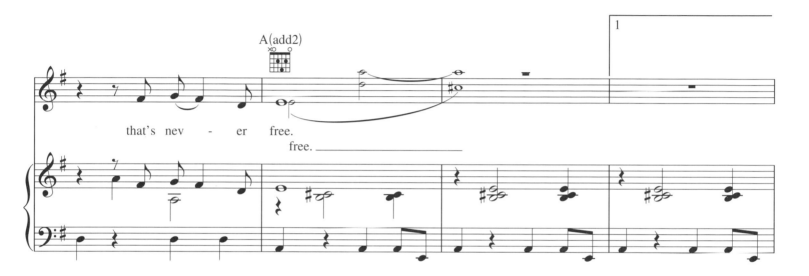

that's nev - er free.
free. _____

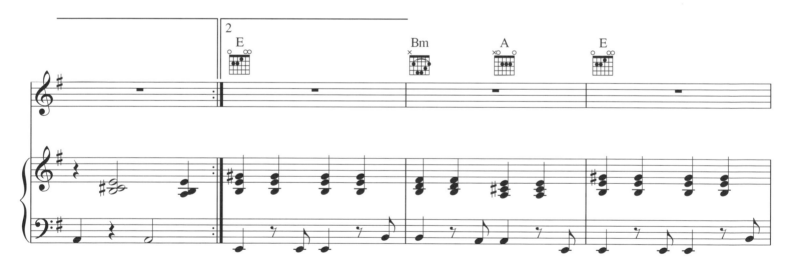

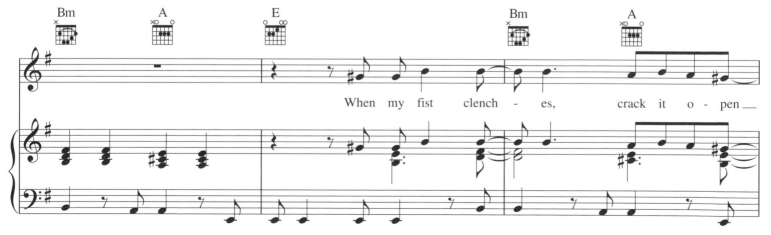

When my fist clench - es, crack it o - pen _____

be - fore I use ____ it and lose ___ my cool. ___ When I smile, ___

___ tell me some bad ____ news be - fore I laugh and act like a

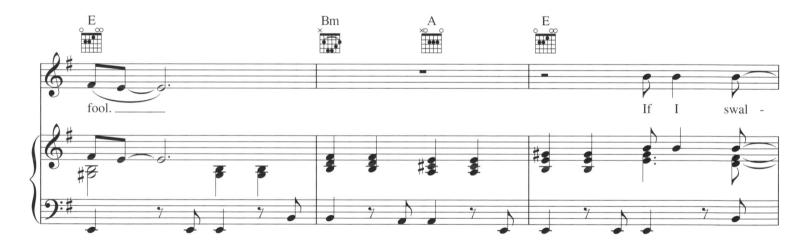

fool. _____ If I swal -

- low an - y - thing e - vil, put your fin - ger down ___ my

throat. And if I shiv - er, please give me a blank - et. Keep me warm; ___

___ let me wear your coat. ___ No one knows ___ what it's like ___

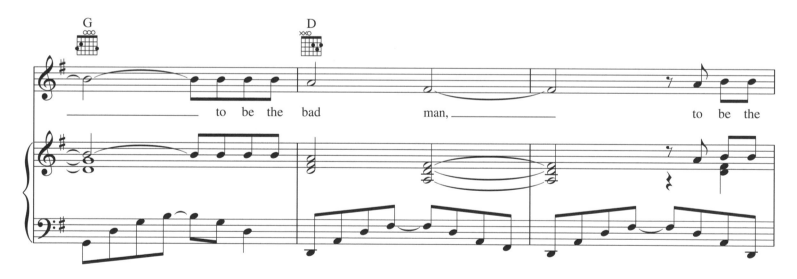

_____ to be the bad man, _____ to be the

sad man ___ be - hind ___ blue eyes. _____

BACK ON THE CHAIN GANG

Words and Music by
CHRISSIE HYNDE

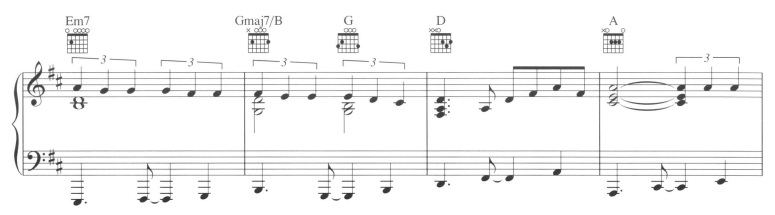

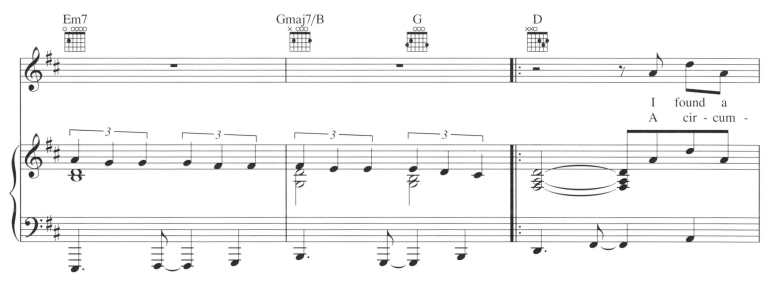

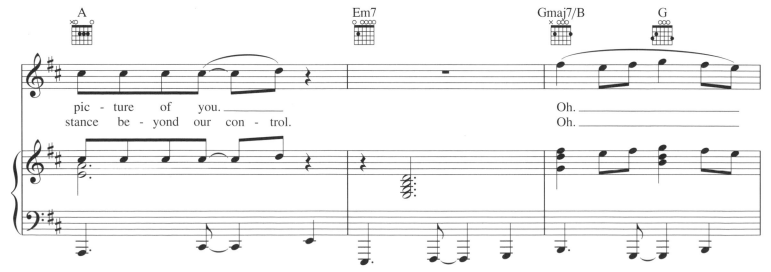

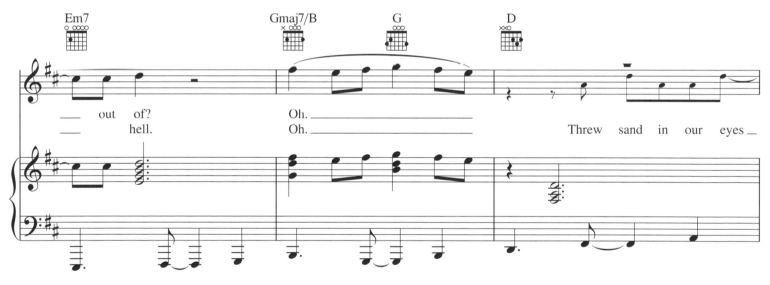

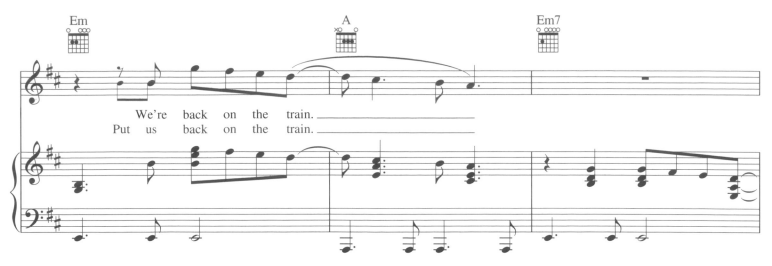

We're back on the train. _____
Put us back on the train. _____

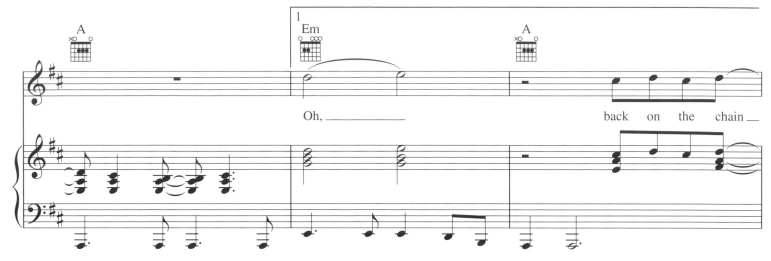

Oh, _____

back on the chain _____

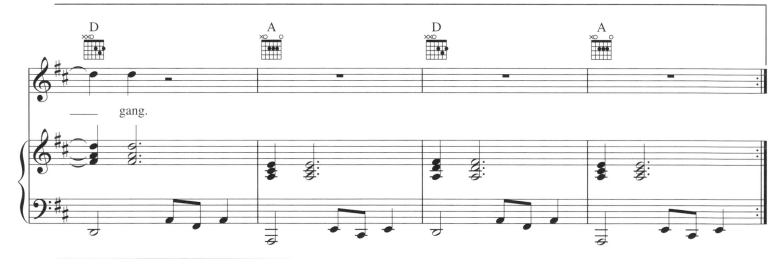

_____ gang.

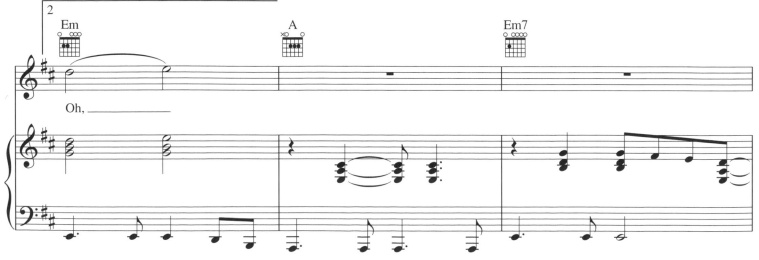

Oh, _____

37

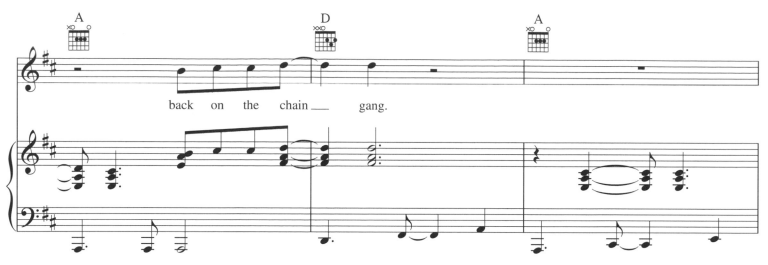

back on the chain ___ gang.

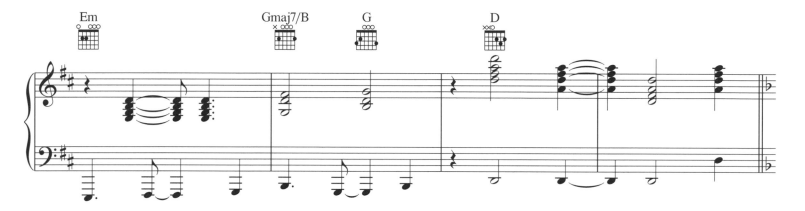

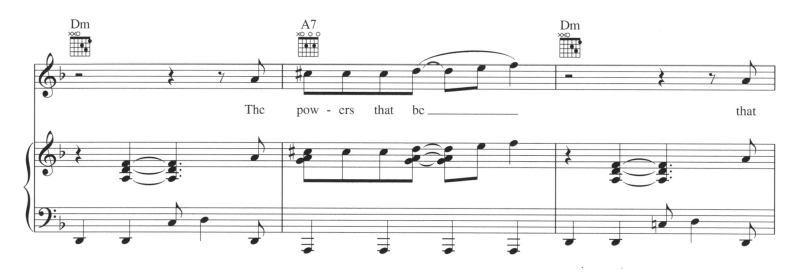

The pow - ers that be ___ that

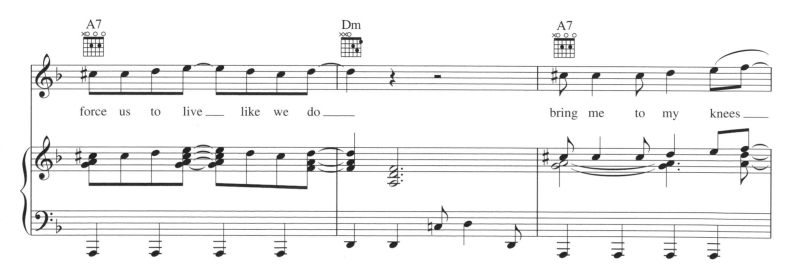

force us to live ___ like we do ___ bring me to my knees ___

when I see what they've done __ to you.

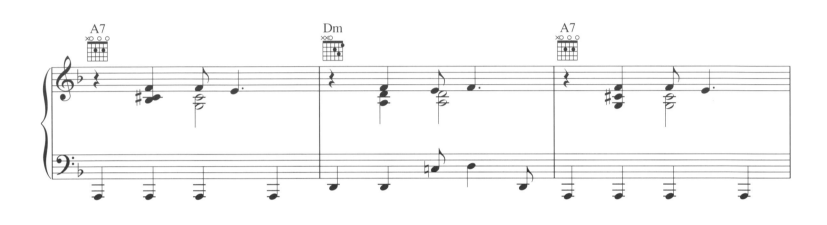

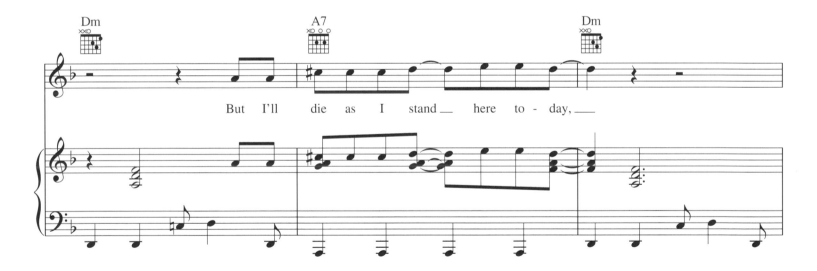

But I'll die as I stand __ here to - day, __

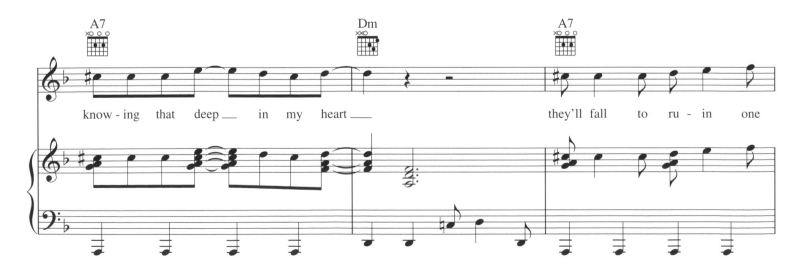

know - ing that deep __ in my heart __ they'll fall to ru - in one

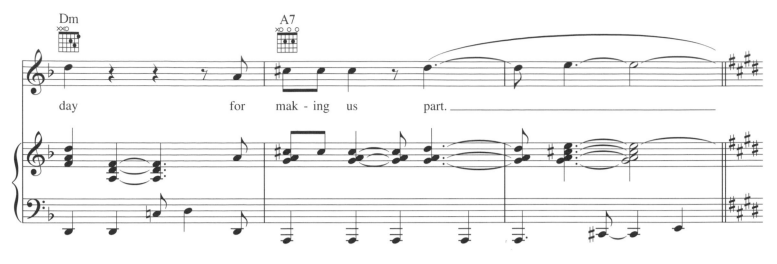

day ___ for mak-ing us part. _____

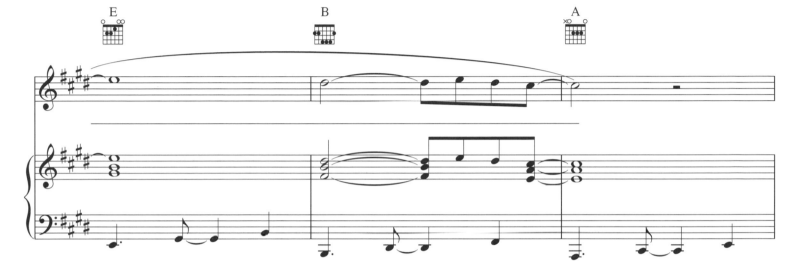

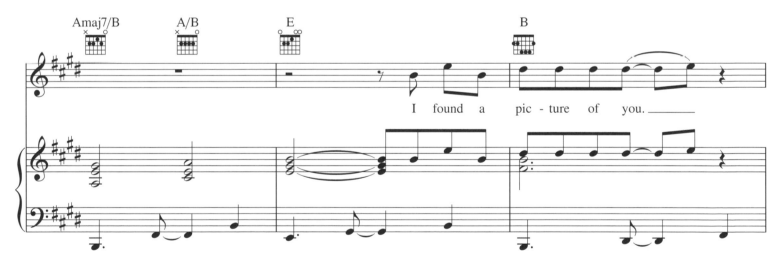

I found a pic-ture of you. _____

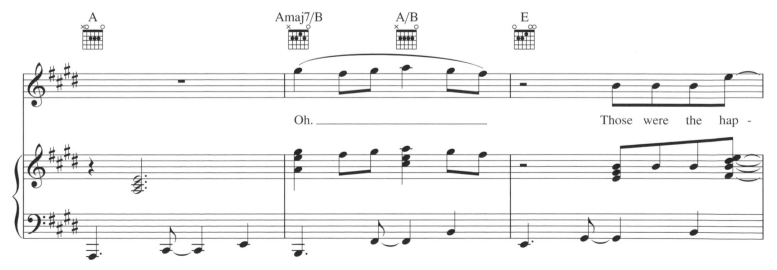

Oh. _____ Those were the hap -

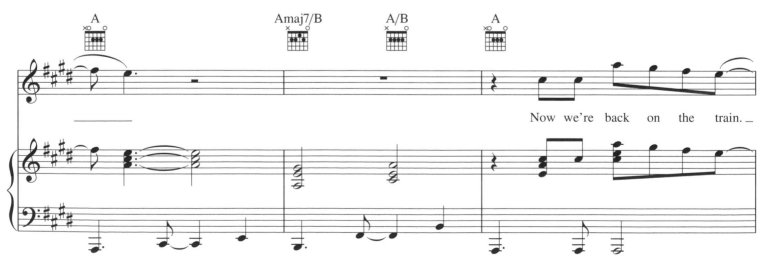

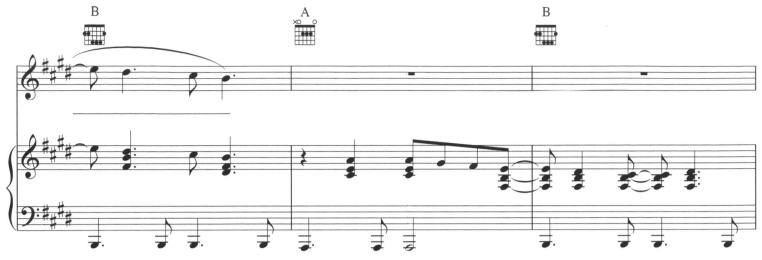

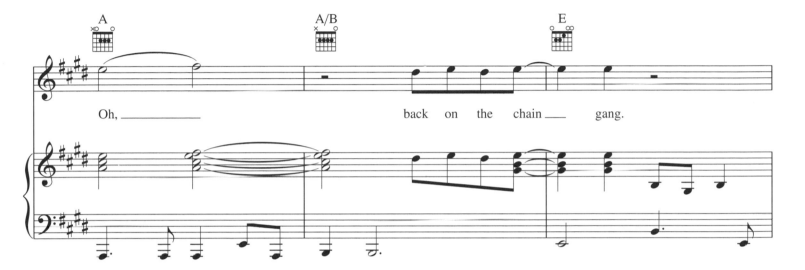

Oh, _____ back on the chain ___ gang.

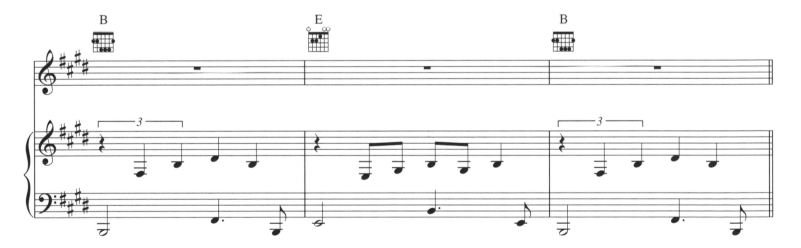

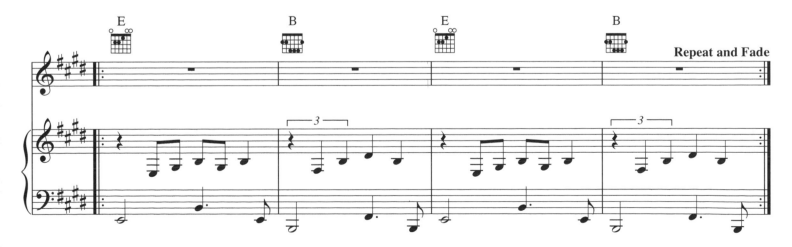

Repeat and Fade

BARELY BREATHING

Words and Music by
DUNCAN SHEIK

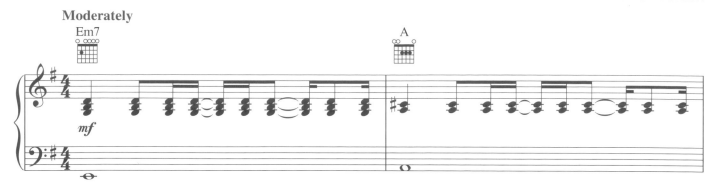

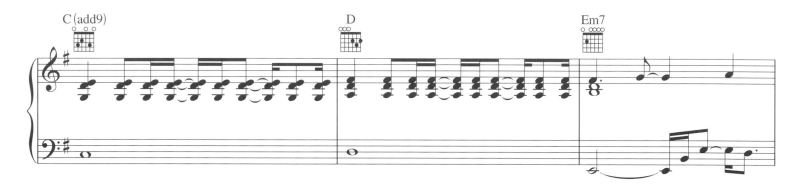

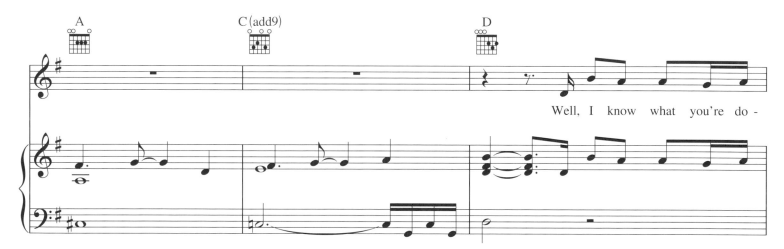

Well, I know what you're do-

ing. I see it all __ too clear. __ I on - ly taste __ the sa - line when I kiss a - way __ your tears. __

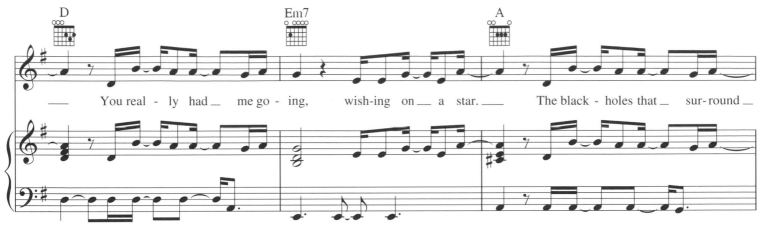

You real - ly had __ me go - ing, wish-ing on __ a star. __ The black - holes that __ sur-round __

__ you are heav-i - er __ by far. __ I be - lieved in your __ con-fu -

- sion, so com-plete - ly torn. __ It must have been __ that yes -

- ing what's it all __ a - bout. __ It used to be __ so cer -

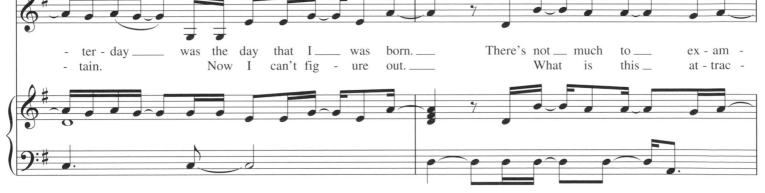

- ter - day __ was the day that I __ was born. __ There's not __ much to __ ex - am -

- tain. Now I can't fig - ure out. __ What is this __ at - trac -

- ine, noth - ing left __ to hide. _____ You real - ly can't __ be se -
- tion? Don't it fill __ the day, _____ and noth - ing left __ to rea -

- ri - ous, you have to ask __ me why _____ I say _____ good - bye. _____
- son, __ and on - ly you __ to blame. _____ Will it ev - er change? _____

_____ } 'Cause I am bare - ly breath - ing, and I can't find ____

____ the air. _____ Don't __ know who __ I'm __ kid - ding, __ i - mag - in - ing __ you

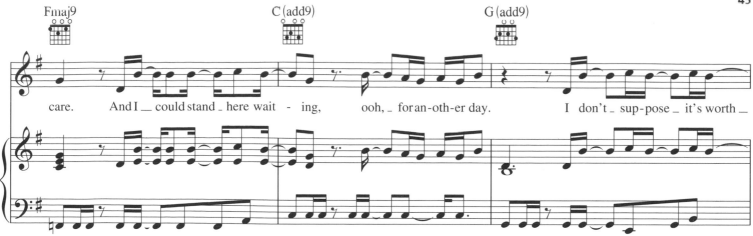

care. And I __ could stand __ here wait - ing, ooh, __ for an-oth-er day. I don't __ sup-pose __ it's worth __

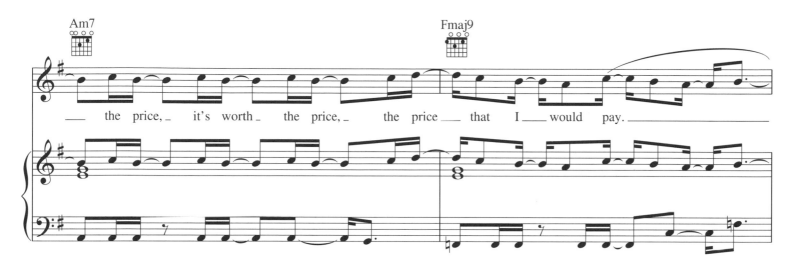

__ the price, __ it's worth __ the price, __ the price __ that I __ would pay. __

1

And ev - 'ry - one __ keeps ask -

2, 3

But I'm think ing it o - ver __ an - y - way. __

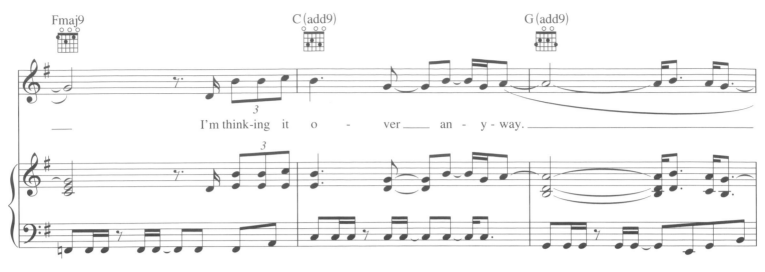

I'm think-ing it o - - ver ___ an - y - way. ___

To Coda ⊕

Oh. ___

I come ___ to find ___

I may ___ nev-er know. ___

A chang - ing mind, ___ is it friend ___ or foe? ___

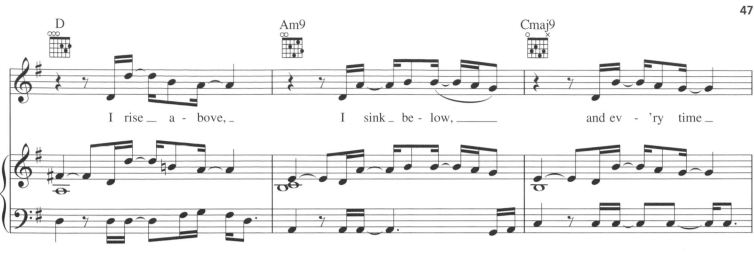

I rise _ a - bove, _ I sink _ be - low, _____ and ev - 'ry time _

you come _ and go. _____ Please _ don't come _ and go. _____

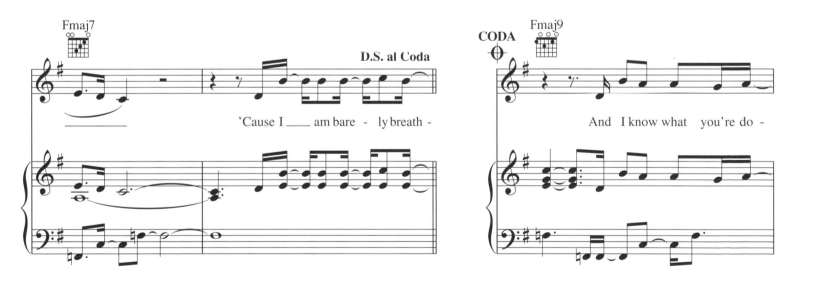

_____ 'Cause I ___ am bare - ly breath - And I know what you're do -

- ing, I see it all _____ too clear.

BEST OF MY LOVE

Words and Music by JOHN DAVID SOUTHER,
DON HENLEY and GLENN FREY

Moderately slow

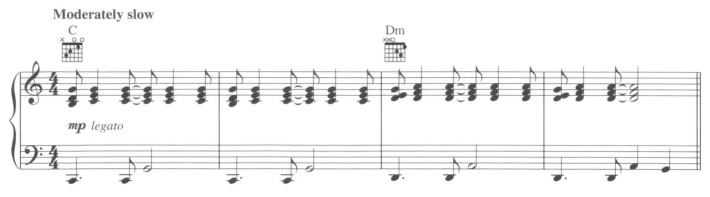

Ev - er - y night __ I'm ly - in' in bed, ____ hold - in' you close __ in my
Beau - ti - ful fac - es and loud emp - ty plac - es, look at the way that we

dreams; __ think - in' a - bout __ all the things that we __ said ____ and
live; _____ wast - in' our time __ on cheap talk and wine

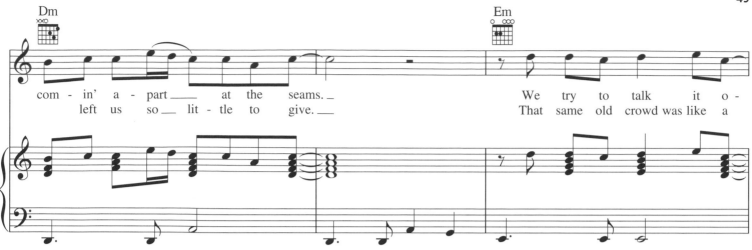

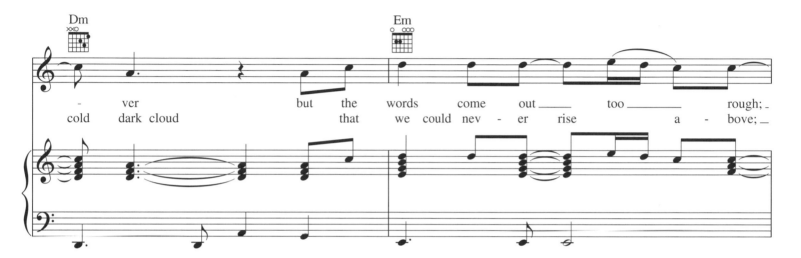

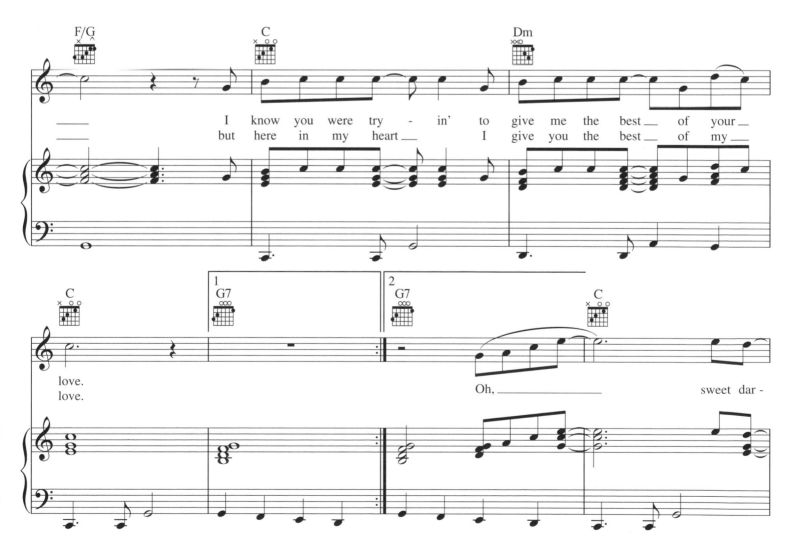

-lin', you get the best of my love, ___ oh, ___

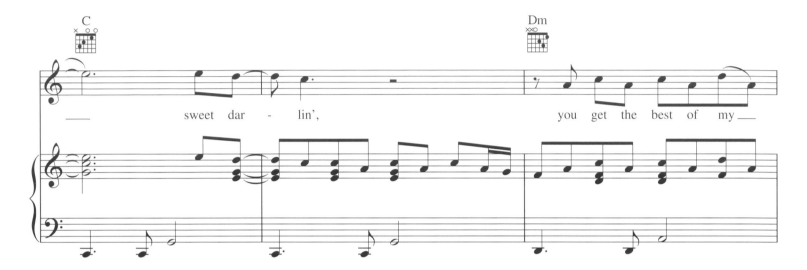

___ sweet dar - lin', you get the best of my ___

love. I'm go - in' back in time ___ and it's a

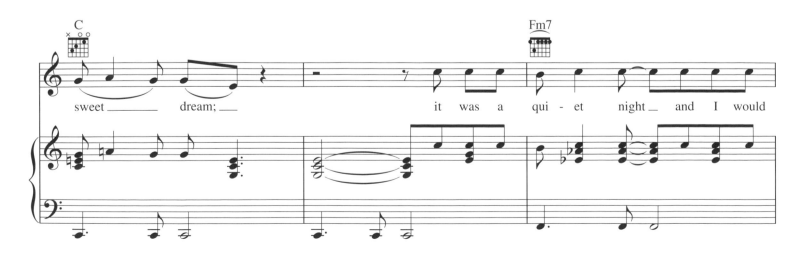

sweet ___ dream; ___ it was a qui - et night ___ and I would

be all ____ right if I could go ____ on sleep - ing. But

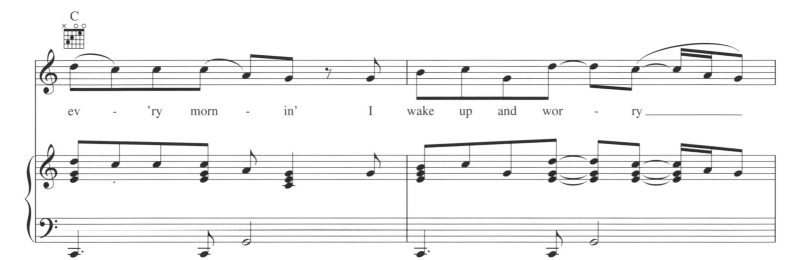

ev - 'ry morn - in' I wake up and wor - ry ____

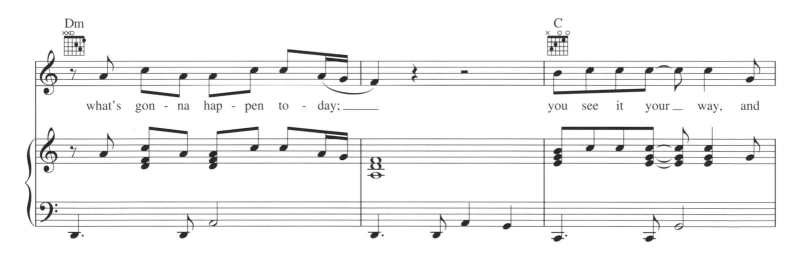

what's gon - na hap - pen to - day; ____ you see it your ____ way, and

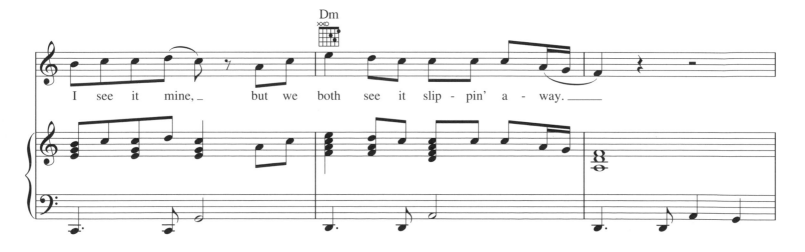

I see it mine, ____ but we both see it slip - pin' a - way. ____

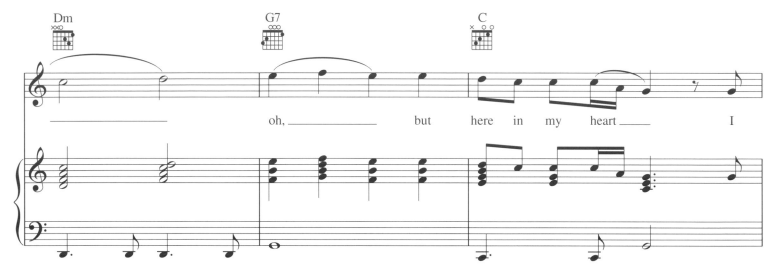

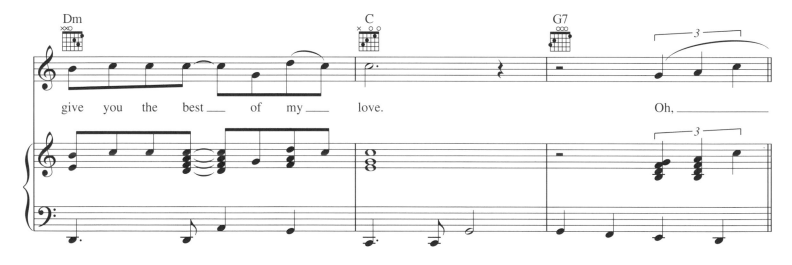

BREAKING THE GIRL

Words and Music by ANTHONY KIEDIS, FLEA,
JOHN FRUSCIANTE and CHAD SMITH

Original key: G# major. This edition has been transposed down one half-step to be more playable.

She _____ was a girl, _____ soft _____ but es-
She _____ was the girl _____ left _____ a-

tranged. _____ We _____ were the two, _____ our
lone, _____ feel - ing the need _____ to

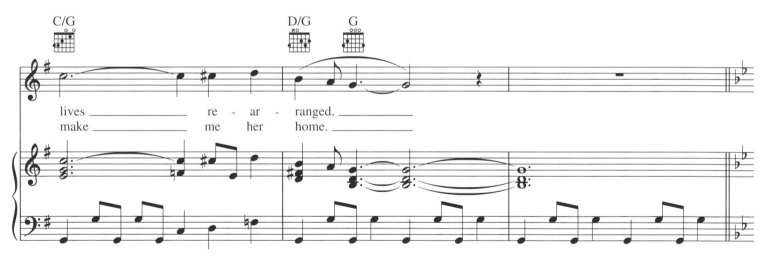

lives _____ re - ar - ranged. _____
make _____ me her home. _____

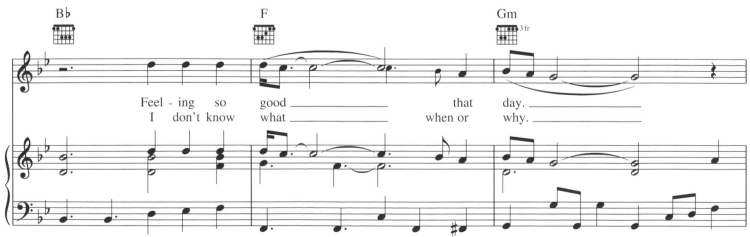

Feel - ing so good _____ that day. _____
I don't know what _____ when or why. _____

A feel-ing of love _____ that
The twi-light of love _____ had ar -

day.
rived. Twist-ing and turn-ing, your

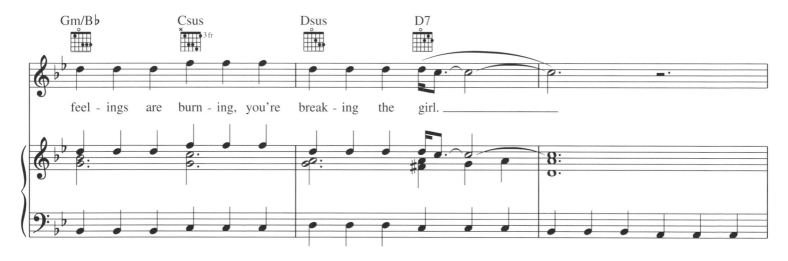

feel-ings are burn-ing, you're break-ing the girl. _____

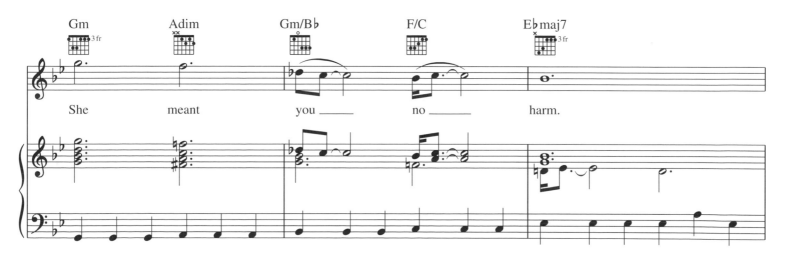

She meant you _____ no _____ harm.

Think you're so clev - er, but now you must sev - er; you're

break - ing the girl. He loves

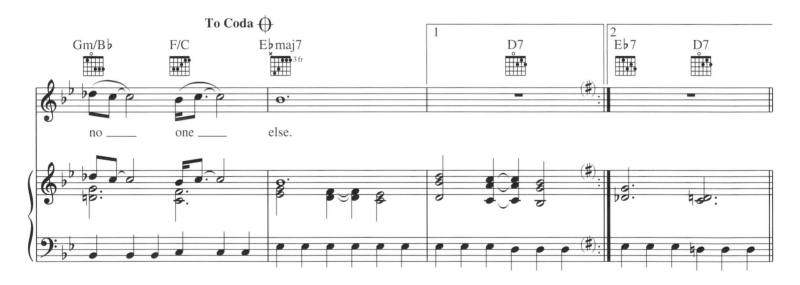

To Coda ⊕

no one else.

Percussion solo ad lib.

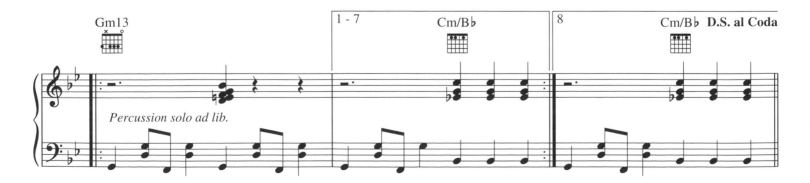

CODA

else.

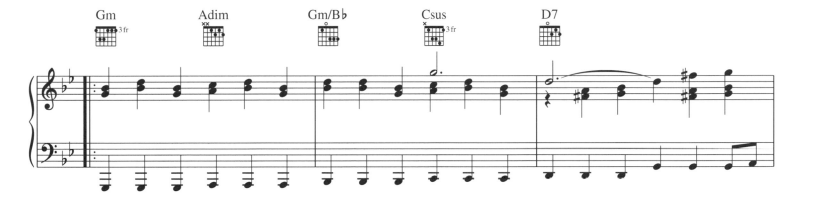

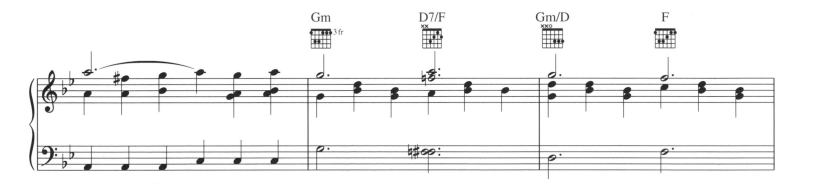

Repeat and Fade **Optional Ending**

BYE BYE LOVE

Words and Music by FELICE BRYANT
and BOUDLEAUX BRYANT

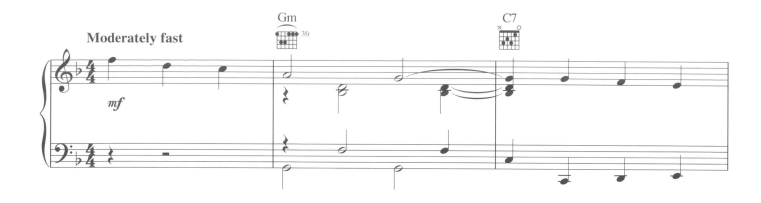

There goes my ba - by _____
ro - mance, _

with some - one new. _____ She sure looks
I'm through with love. _____ I'm sure through with

hap - py; ____ I sure am blue. ____
count - ing ____ the stars a - bove. ____

____ She was my ba - by ____ till he stepped
____ And here's the rea - son ____ that I'm so

in. ____ Good - bye to ro - mance ____
free: ____ my lov - in' ba - by ____

that might have been. ____
is through with me. ____

Bye bye, love. Bye bye,

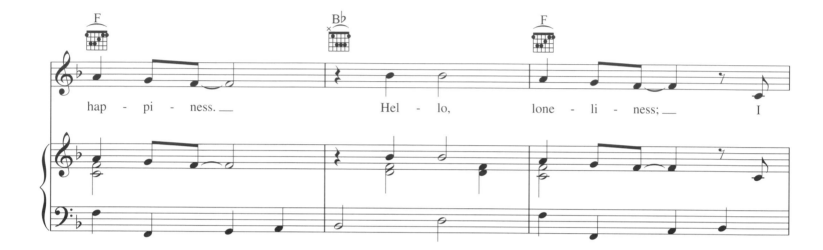

hap - pi - ness. ___ Hel - lo, lone - li - ness; ___ I

think I'm gon - na cry. ___ Bye bye,

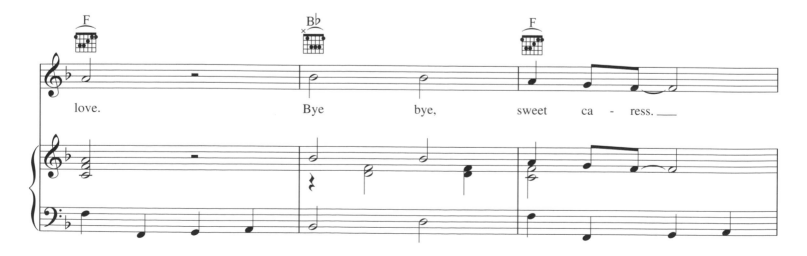

love. Bye bye, sweet ca - ress. ___

Hel - lo, emp - ti - ness; _____ I

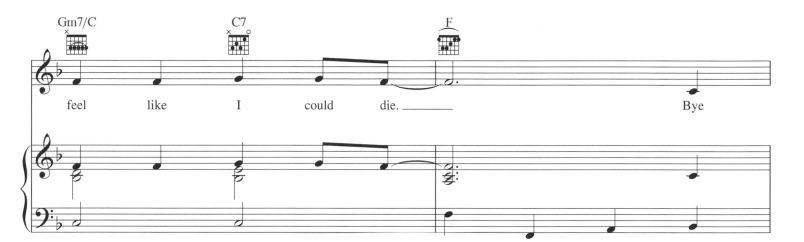

feel like I could die. _____ Bye

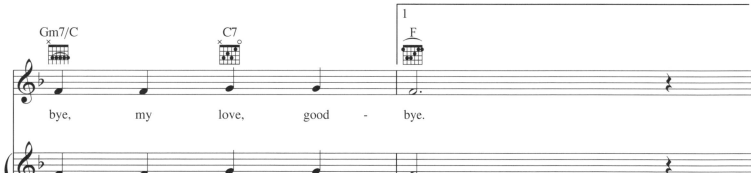

bye, my love, good - bye.

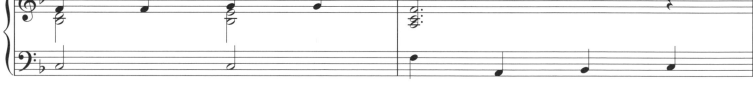

I'm through with bye.

CAROLINA IN MY MIND

Words and Music by
JAMES TAYLOR

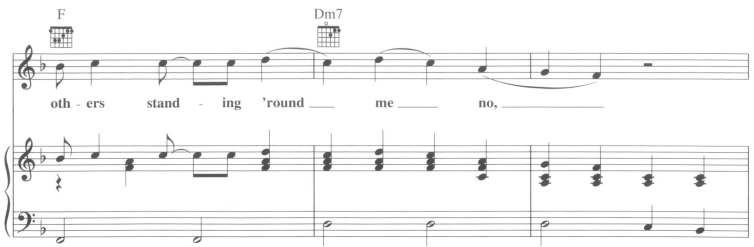

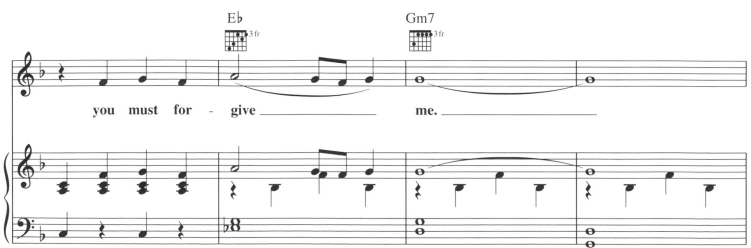

If it's up in, In my mind I'm gone to Car - o - li -

- na. Can't you see the sun - shine? And

can't you just feel the moon - shine? _____ And ain't it just like a

friend of mine __ to hit me from __ be - hind? ___ And I'm

CRAZY LITTLE THING CALLED LOVE

Words and Music by
FREDDIE MERCURY

Oh, this thing ___ called
___ called

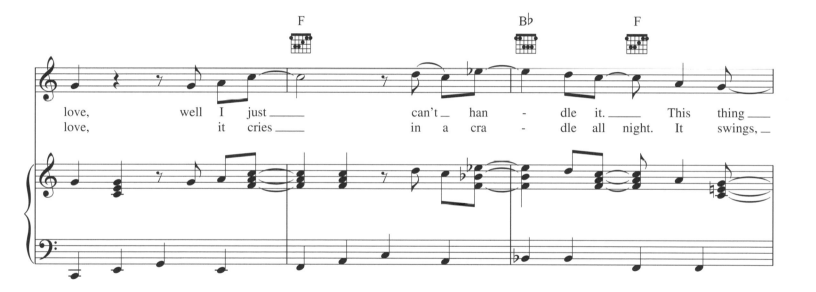

love, well I just ___ can't ___ han - dle it. ___ This thing ___
love, it cries ___ in a cra - dle all night. It swings, ___

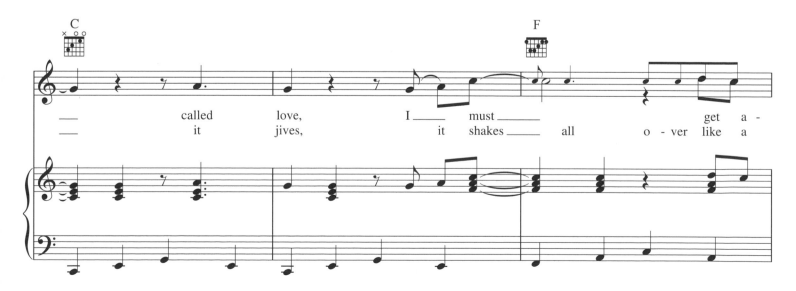

___ called love, I ___ must ___ get a -
___ it jives, it shakes ___ all o - ver like a

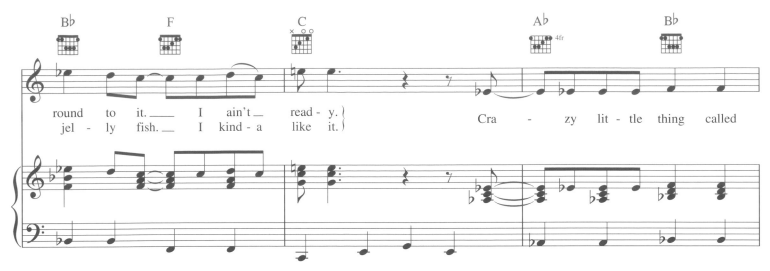

round to it. ___ I ain't ___ read - y.
jel - ly fish. ___ I kind - a like it. ⎫
Cra - zy lit - tle thing called

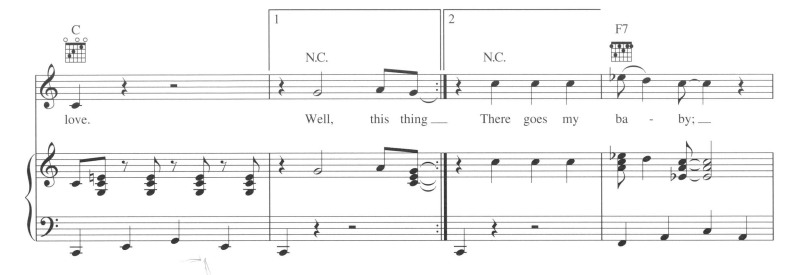

love.
1. Well, this thing ___
2. There goes my ba - by; ___

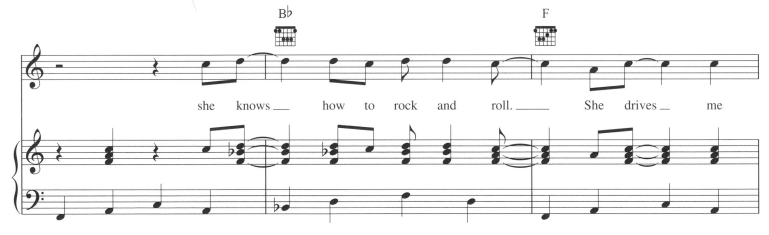

she knows ___ how to rock and roll. ___ She drives ___ me

cra - zy. ___
She gives me hot and cold fev - er. She

leaves me in a cool, cool sweat.

I got - ta be cool, _____ re - lax, __

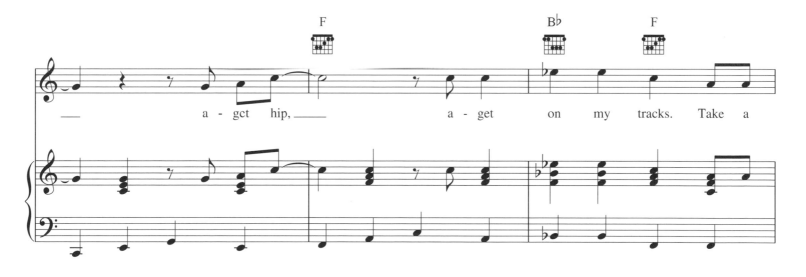

_____ a - get hip, _____ a - get on my tracks. Take a

back seat, hitch - hike _____ and take a long ride _____ on a

mo - tor bike __ un - til I'm read - y. Cra - zy lit - tle thing called

love.

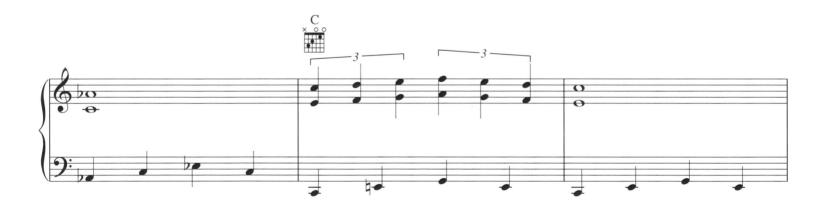

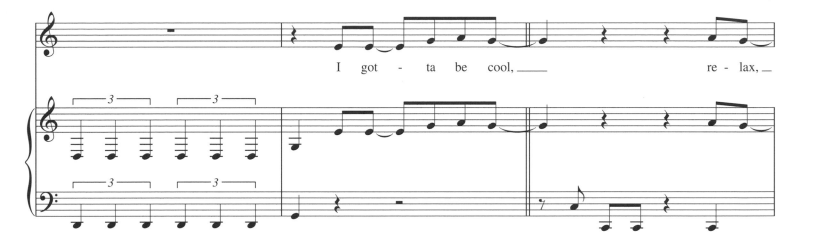

I got - ta be cool, _____ re - lax, _____

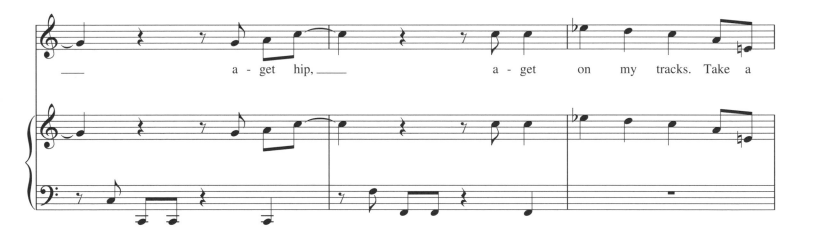

_____ a - get hip, _____ a - get on my tracks. Take a

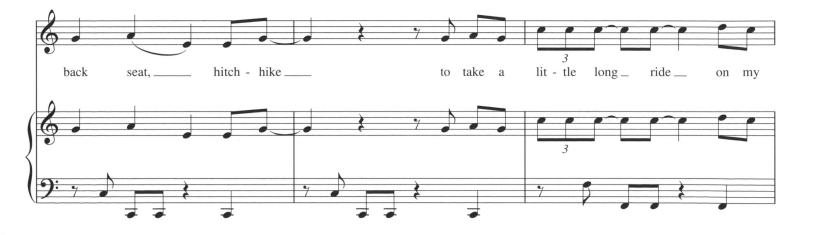

back seat, _____ hitch - hike _____ to take a lit - tle long_ ride_ on my

mo - tor bike __ un - til I'm read - y. Cra - zy lit - tle thing called

love. This thing __ called

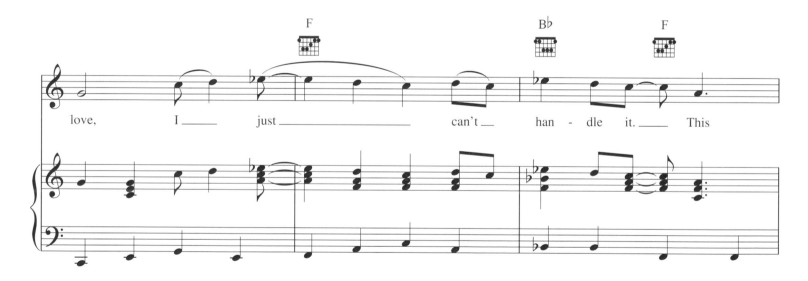

love, I __ just __ can't __ han - dle it. __ This

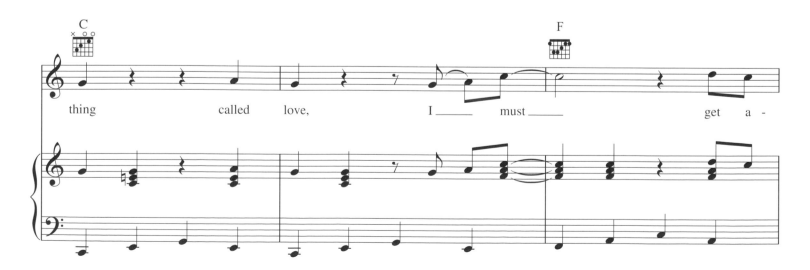

thing called love, I __ must __ get a -

round to it.___ I ain't___ read - y. Cra - zy lit - tle thing called

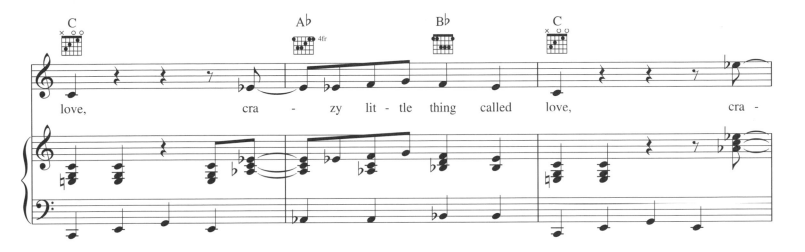

love, cra - zy lit - tle thing called love, cra -

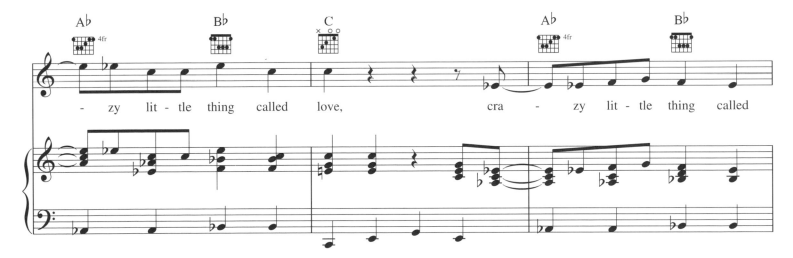

- zy lit - tle thing called love, cra - zy lit - tle thing called

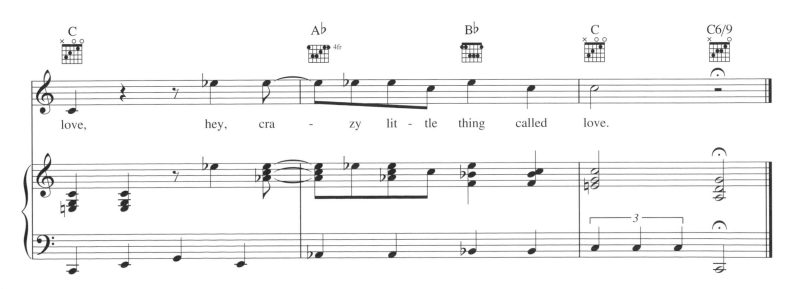

love, hey, cra - zy lit - tle thing called love.

CHANGE THE WORLD

Words and Music by WAYNE KIRKPATRICK,
GORDON KENNEDY and TOMMY SIMS

Moderately (not too fast)

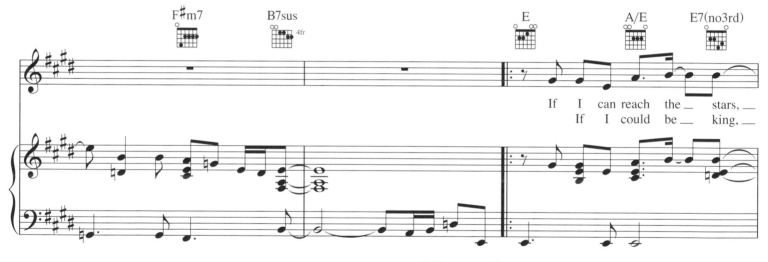

If I can reach the ___ stars, ___
If I could be ___ king, ___

pull ___ one down for you, ___
e - ven for a day, ___

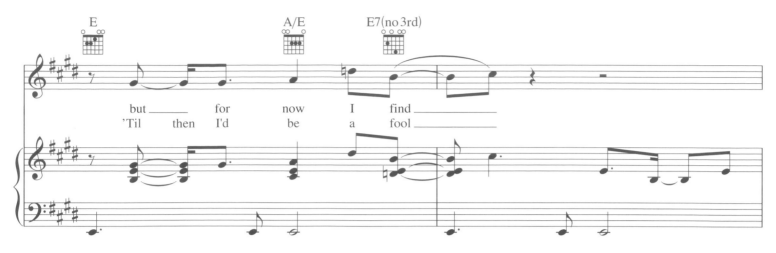

but _____ for now I find _____
'Til then I'd now be a fool _____

's on - ly in my _____ dreams _____ }
wish - ing for the _____ day _____ }   that I can

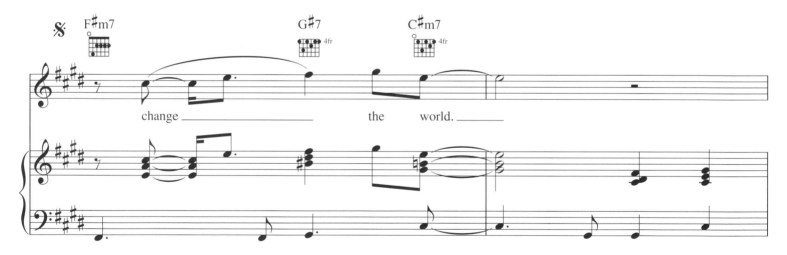

change _____ the world. _____

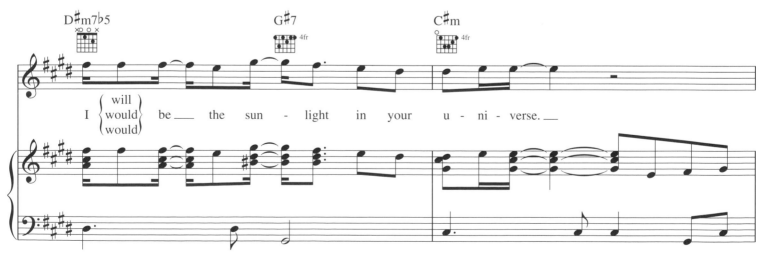

I { will would would } be _____ the sun - light in your u - ni - verse. _____

You would think ___ my love ___ was real - ly some - thing ___ good, ba - by, ___

if I ___ could ___ change _____ the world. ___

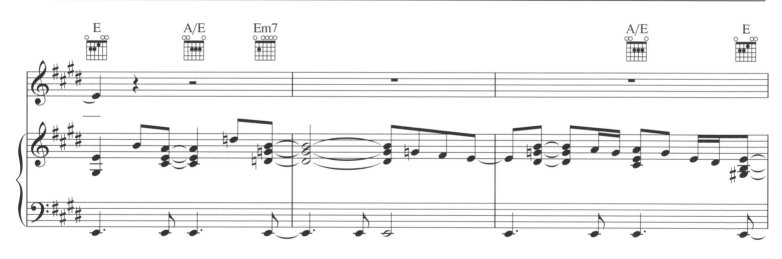

change _____ the world, ___

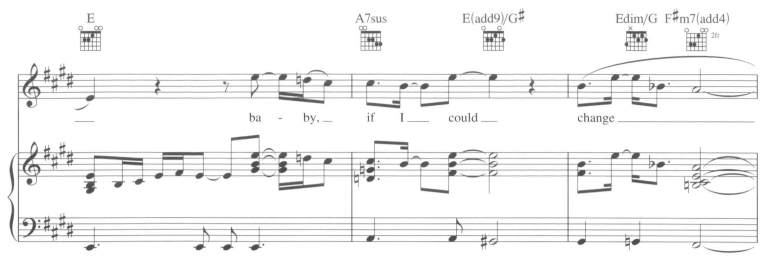

ba - by, __ if I __ could __ change _____ change _____

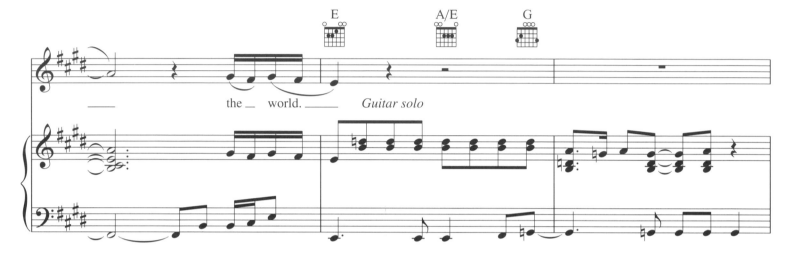

the __ world. _____ *Guitar solo*

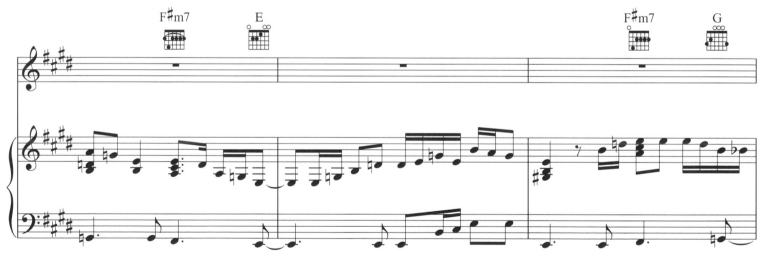

D.S. al Coda

Solo ends I could

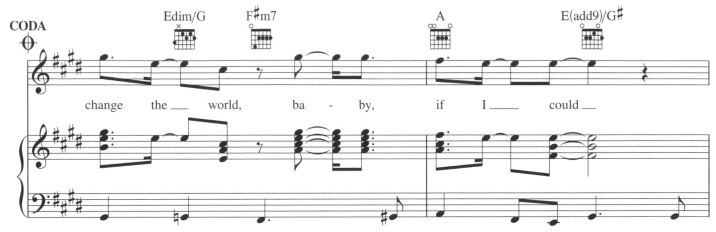

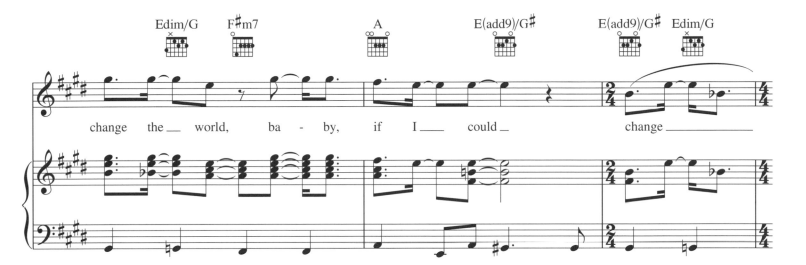

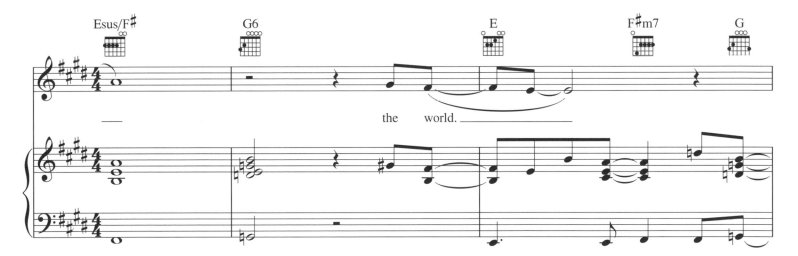

COMPLICATED

Words and Music by AVRIL LAVIGNE, LAUREN CHRISTY,
SCOTT SPOCK and GRAHAM EDWARDS

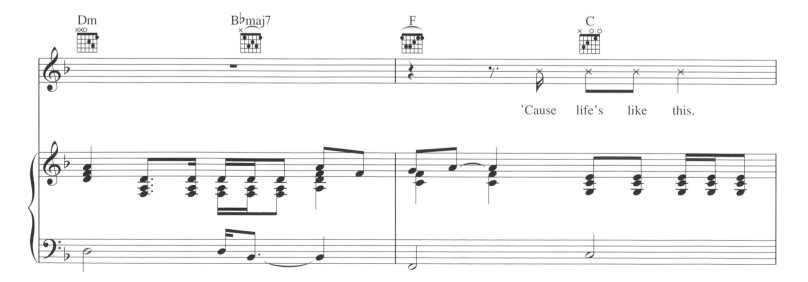

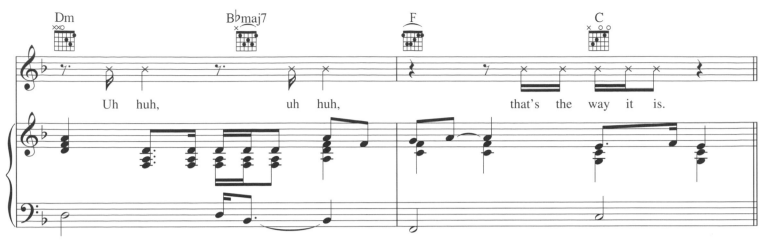

Uh huh,   uh huh,   that's the way it is.

Chill out, what cha yell - in' for? Lay back, it's all been done __ be - fore.
You came o - ver un - an - nounced, dressed up like you're some - thing else.

And if you could on - ly __ let it be __ you will see. __
Where you are ain't where __ it's __ at, you see. __ You're mak - in' me __

I like you the way __ you are   when we're driv - in' in __ your car
laugh out when you strike __ your pose.   Take off all your prep - py clothes.
    Lay back, it's all been done __ be - fore.

and you're talk - in' to ___ me one on one ___ but you be - come ___
You know you're not fool - in' an - y - one ___ when you be - come ___
And if you could on - ly let it be ___ you will see ___

To Coda ⊕

some - bod - y else 'round ev - 'ry - one else. You're watch - ing your back like you can't re - lax. ___ You're

try'n' to be cool. You look like a fool to me. _____ Tell ___ me,

why'd you have to go and make things so com - pli - cat - ed? See the way you're

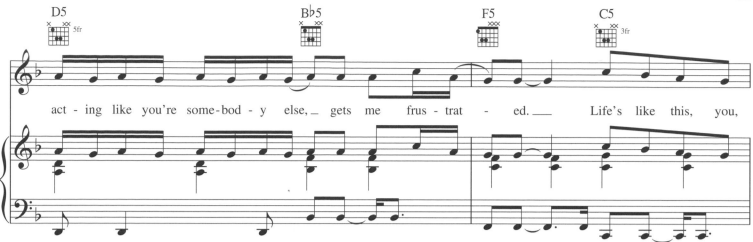

acting like you're some-bod-y else,_ gets me frus-trat - ed.__ Life's like this, you,

you fall_ and you crawl_ and you break_ and you take_ what you get_ and you turn_ it in - to

hon - es - ty and prom - ise me I'm nev - er gon - na find you fake_ it,___ no, no,

no.

no,   no,   no,   no,

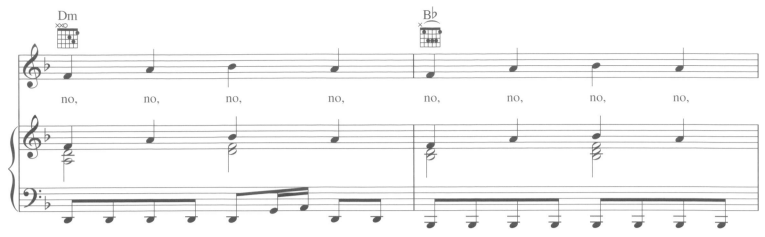

no, no, no, no, no, no, no, no,

D.S. al Coda

no, no, no, no. Chill out, what cha yell - in' for?

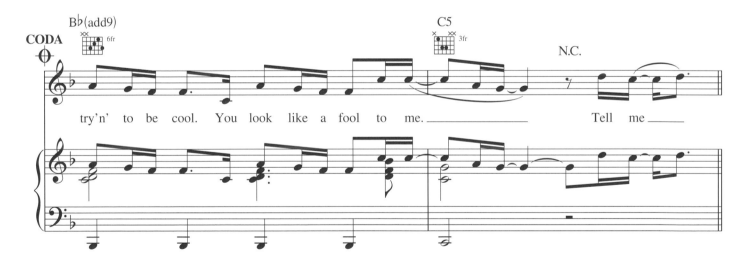

CODA

try 'n' to be cool. You look like a fool to me. _____ Tell me _____

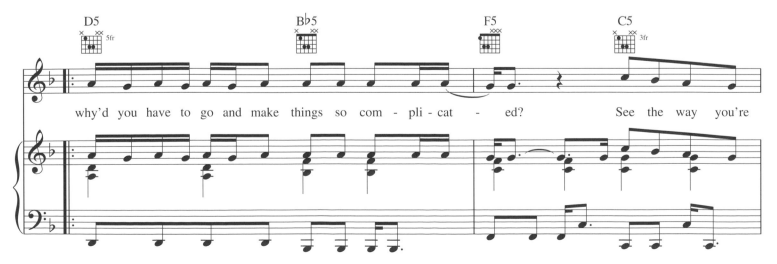

why'd you have to go and make things so com - pli - cat - ed? See the way you're

DEAR PRUDENCE

Words and Music by JOHN LENNON
and PAUL McCARTNEY

Dear _____ Pru - dence, _____
_____ Pru - dence, _____
_____ Pru - dence, _____

won't you come out to play? _____
o - pen up _____ your eyes. _____
let me see _____ you smile. _____

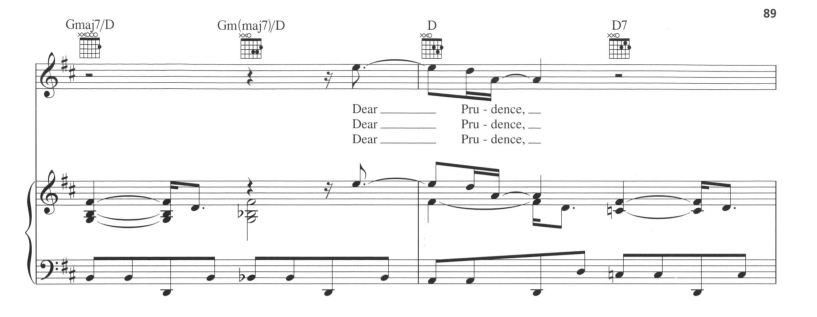

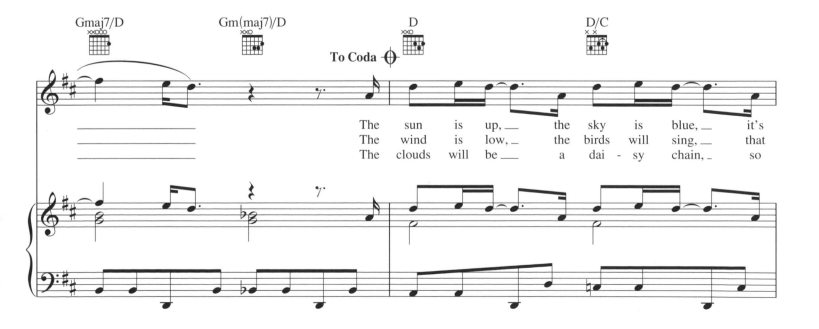

beau - ti - ful ___ and so are you. ___ Dear _____ Pru - dence, ___
you are part ___ of ev - 'ry - thing. ___ Dear _____ Pru - dence, ___
let me see ___ you smile a - gain. ___ Dear _____ Pru - dence, ___

won't you come out _____ to play? _____
won't you o - pen up your eyes? ___
won't you let me see you smile? _____

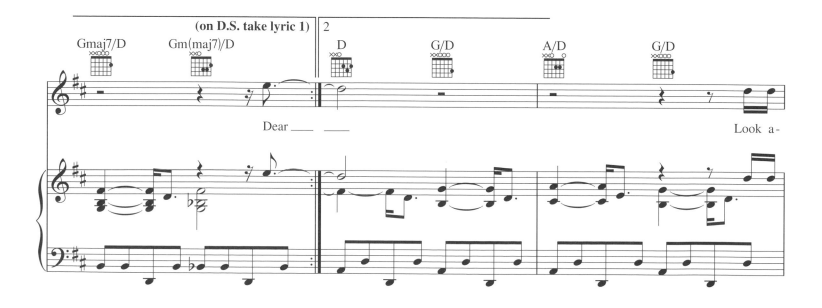

(on D.S. take lyric 1)

Dear ___ ___

Look a-

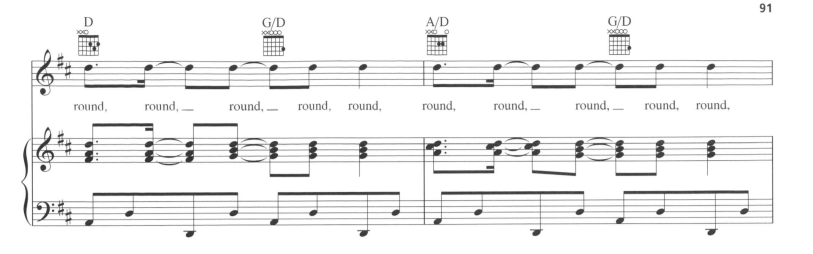

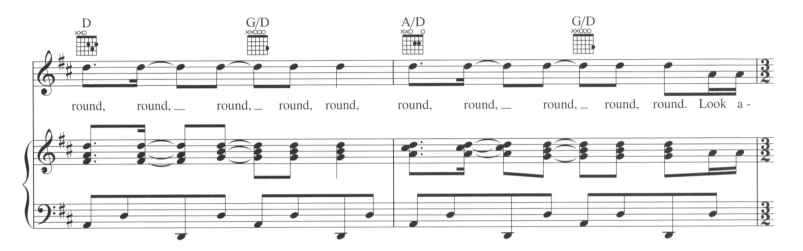

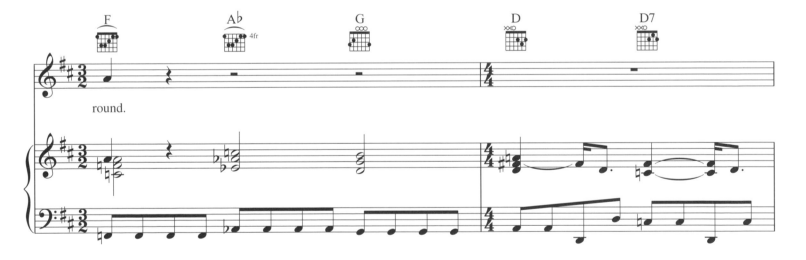

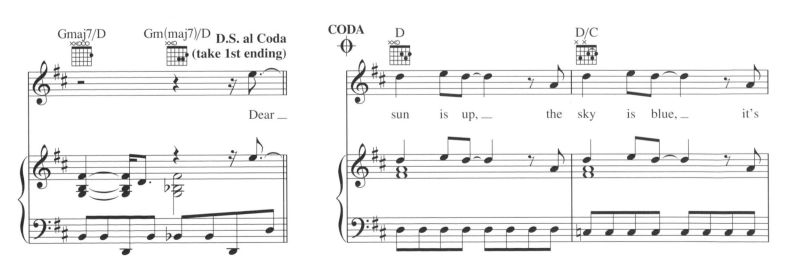

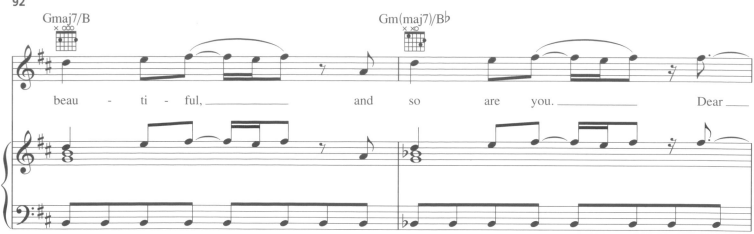

beau - ti - ful, _____ and so are you. _____ Dear ____

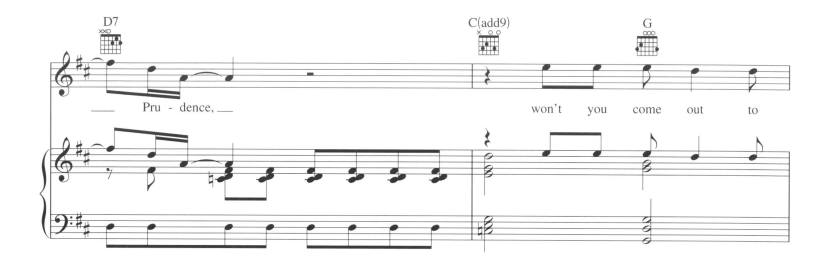

____ Pru - dence, ___ won't you come out to

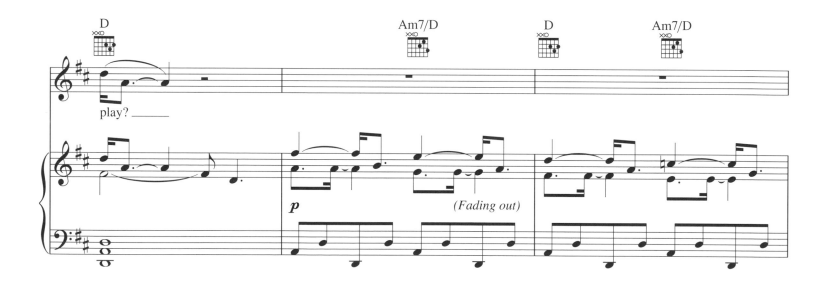

play? _____

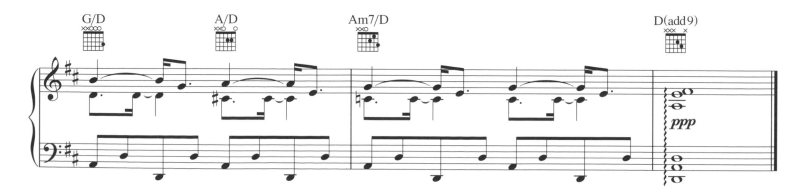

DRIVE

Words and Music by BRANDON BOYD,
MICHAEL EINZIGER, ALEX KATUNICH,
JOSE PASILLAS II and CHRIS KILMORE

Moderate Rock

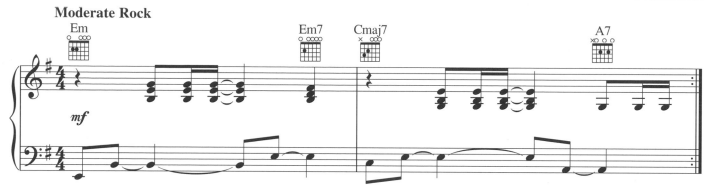

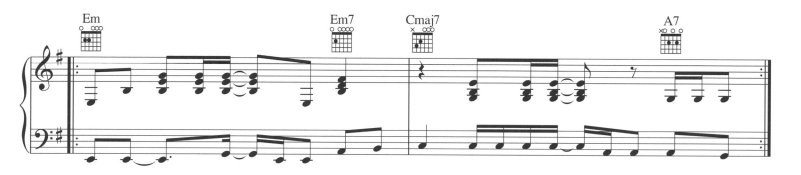

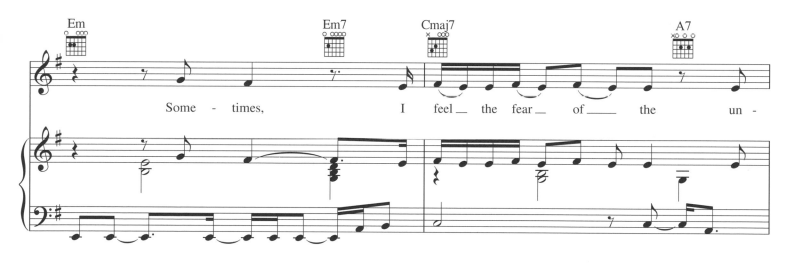

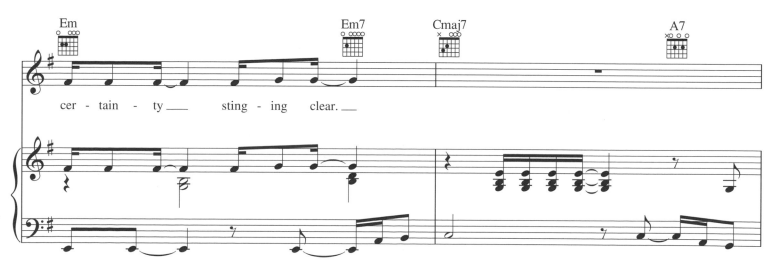

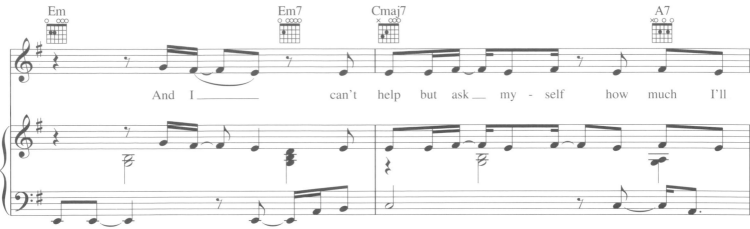

And I _____ can't help but ask __ my - self how much I'll

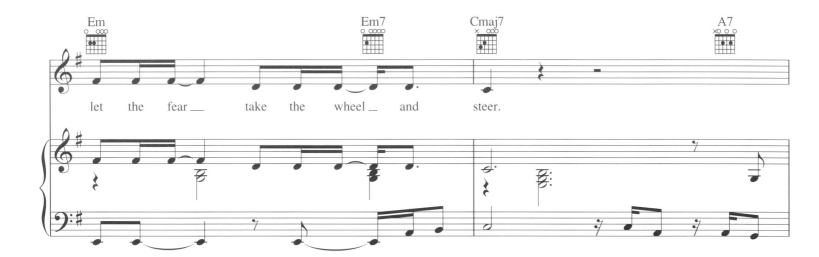

let the fear __ take the wheel __ and steer.

It's driv - en me be - fore _____ and it seems __ to have __ a vague __

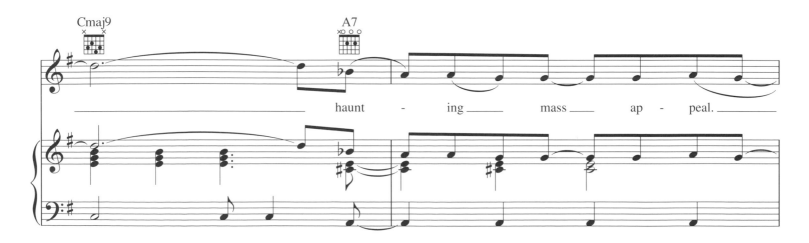

_____ haunt - ing _____ mass _____ ap - peal. _____

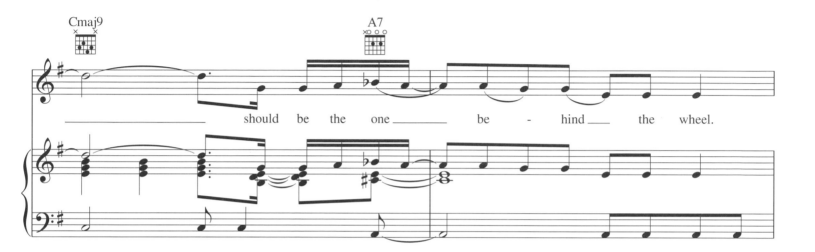

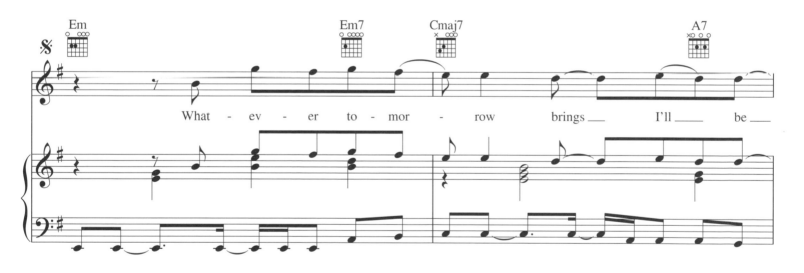

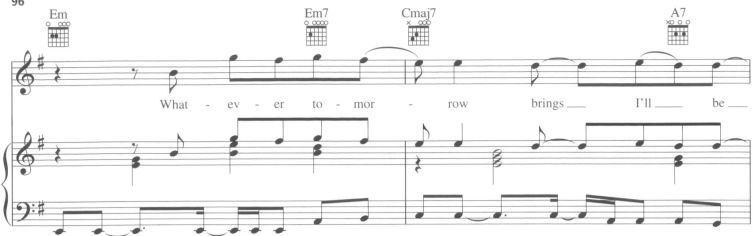

What - ev - er to - mor - row brings ____ I'll ____ be ____

____ there, ____ I'll be _____ there. ____

To Coda ⊕

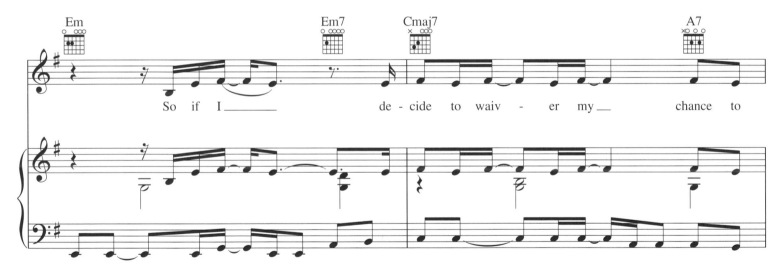

So if I _____ de - cide to waiv - er my ___ chance to

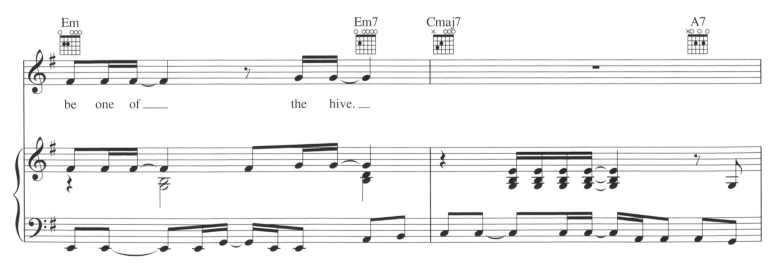

be one of ____ the hive. ___

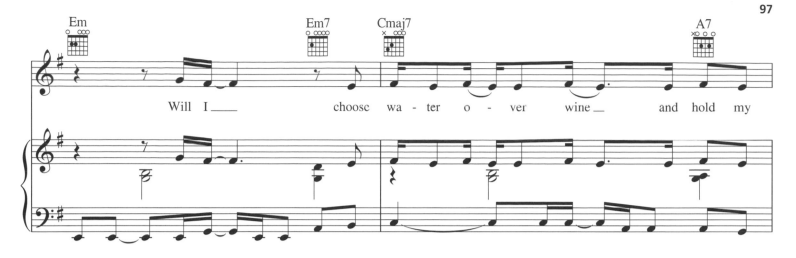

Will I ___ choose wa- ter o - ver wine ___ and hold my

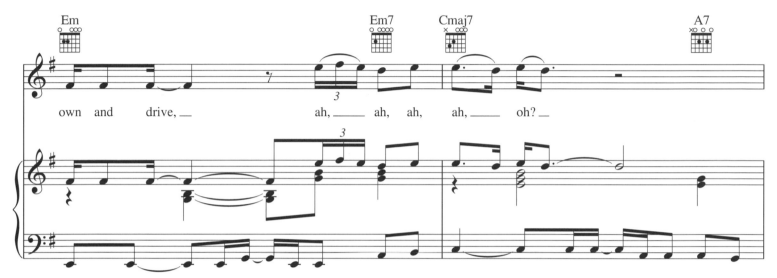

own and drive, ___ ah, ___ ah, ah, ah, ___ oh? ___

It's driv- en me be- fore ___ and it seems ___ to be ___ the way ___

___ that ev - 'ry - one ___ else gets ___ a - round. ___

Late - ly I'm _____ be - gin - ning to find ___ that when _

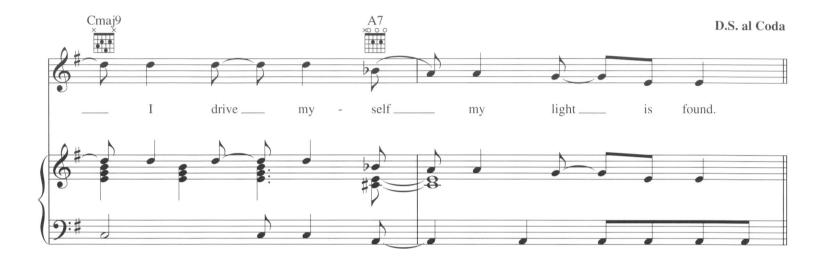

D.S. al Coda

___ I drive ___ my - self ___ my light ___ is found.

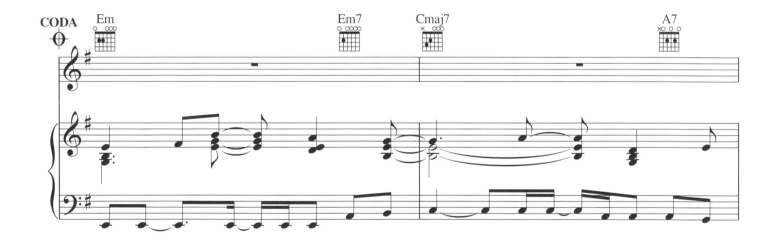

CODA

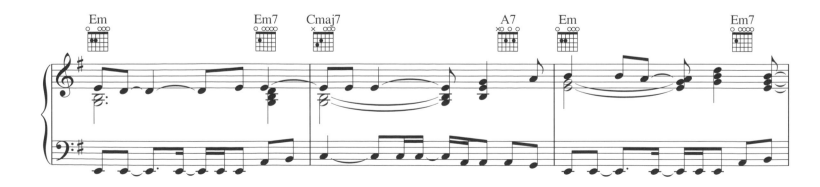

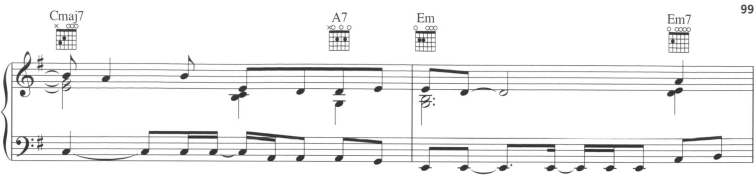

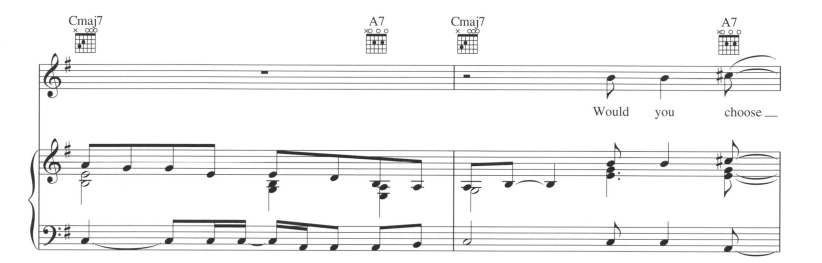

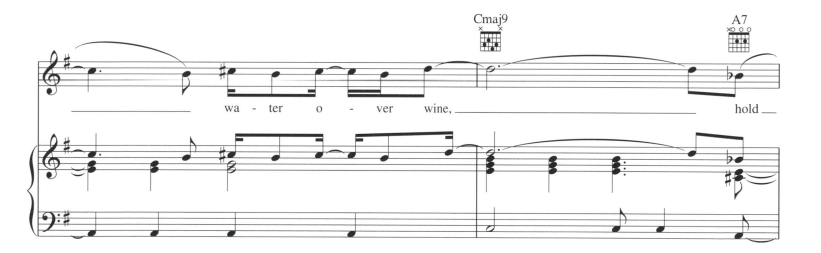

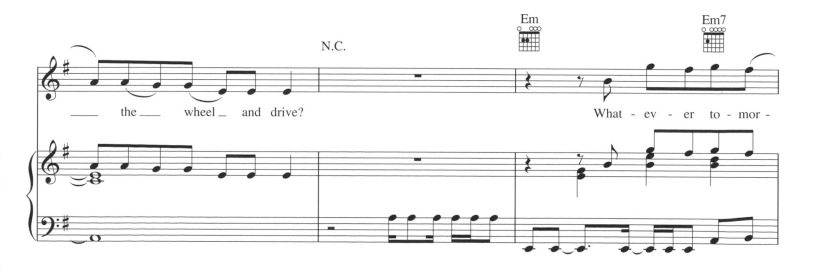

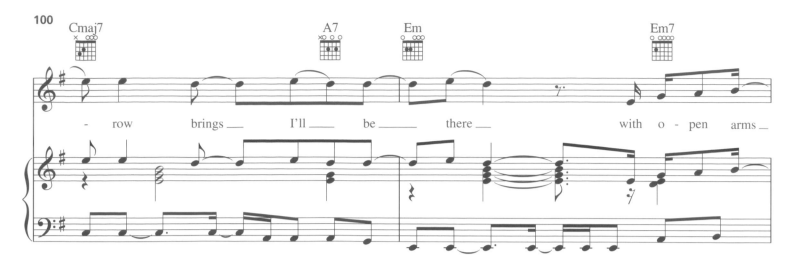

-row brings ___ I'll ___ be ___ there ___ with o-pen arms ___

___ and o-pen eyes, ___ yeah! ___ What - ev - er to - mor -

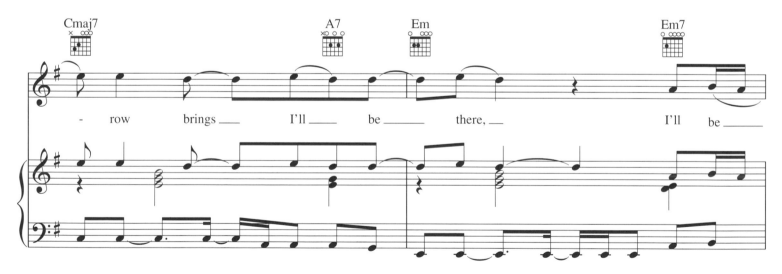

-row brings ___ I'll ___ be ___ there, ___ I'll be ___

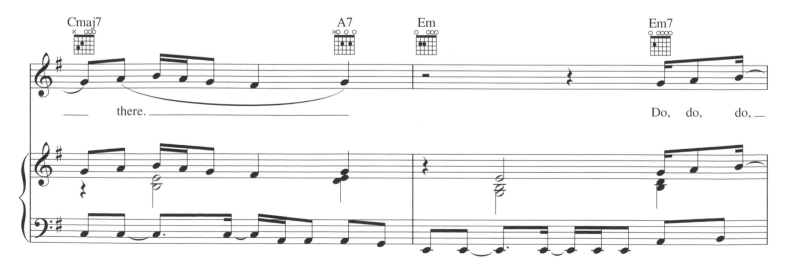

___ there. _____ Do, do, do, ___

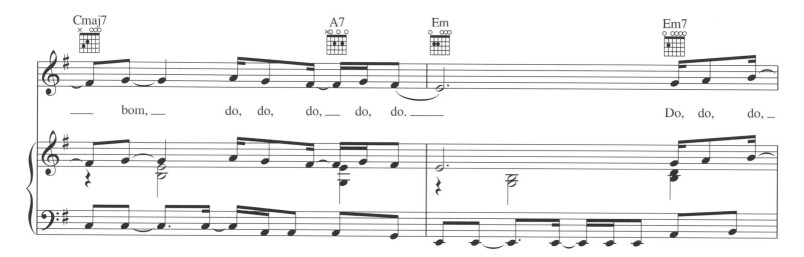

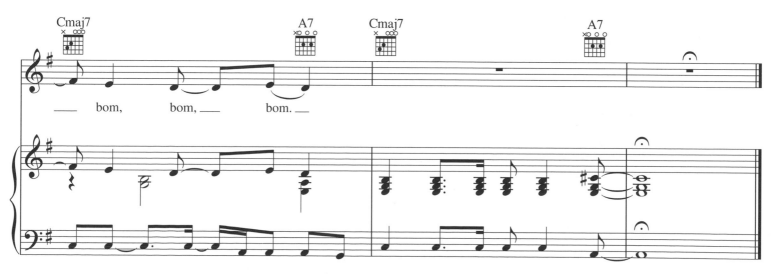

DUST IN THE WIND

Words and Music by
KERRY LIVGREN

Moderate Folk style

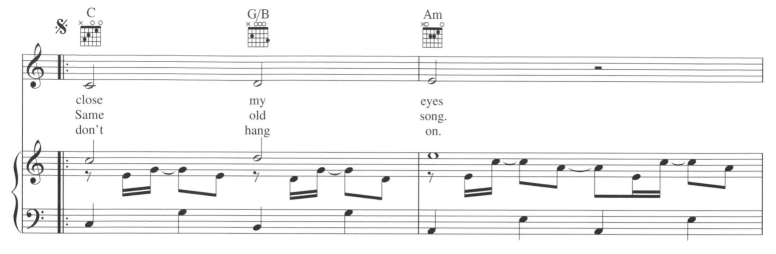

close my eyes
Same old song.
don't hang on.

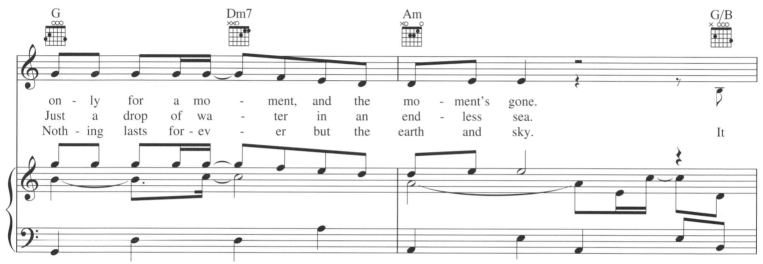

on - ly for a mo - ment, and the mo - ment's gone.
Just a drop of wa - ter in an end - less sea.
Noth - ing lasts for - ev - er but the earth and sky. It

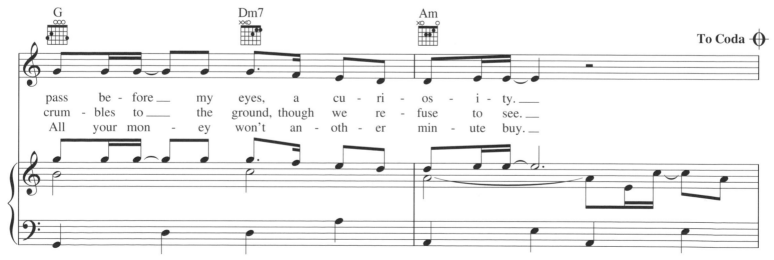

All my dreams
All we do
slips a - way.

To Coda

pass be - fore my eyes, a cu - ri - os - i - ty.
crum - bles to the ground, though we re - fuse to see.
All your mon - ey won't an - oth - er min - ute buy.

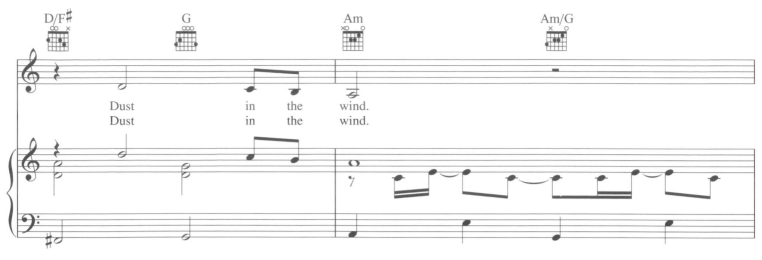

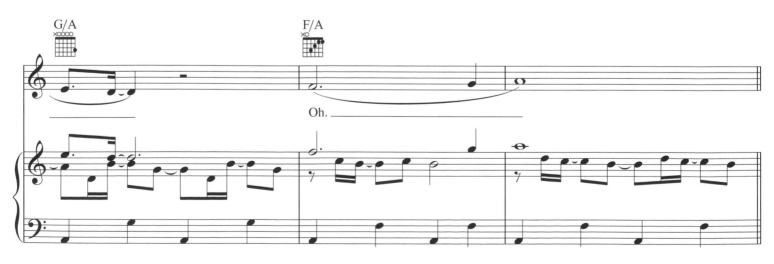

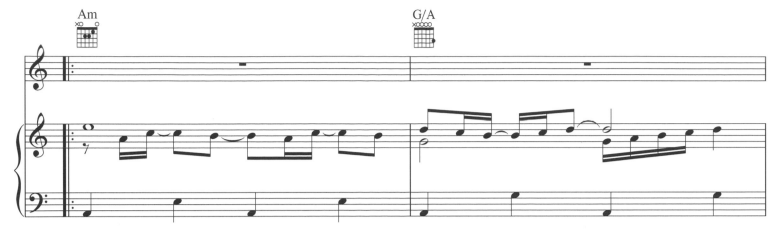

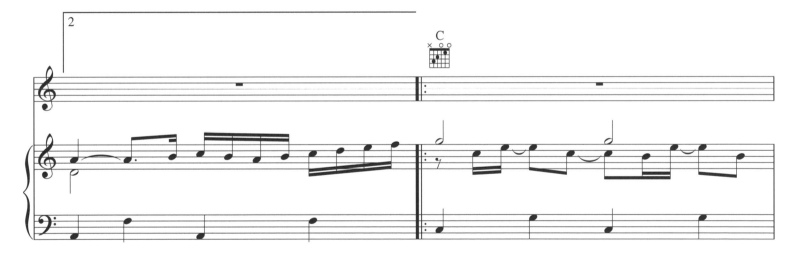

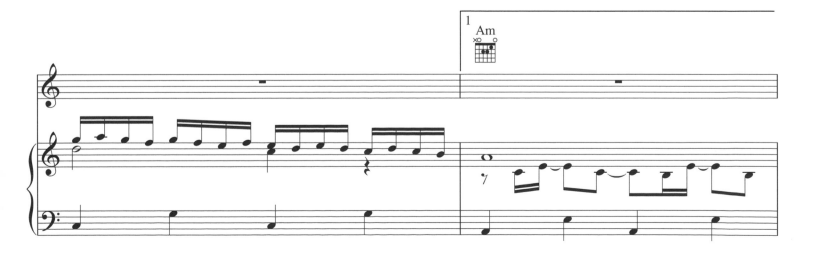

D.S. al Coda

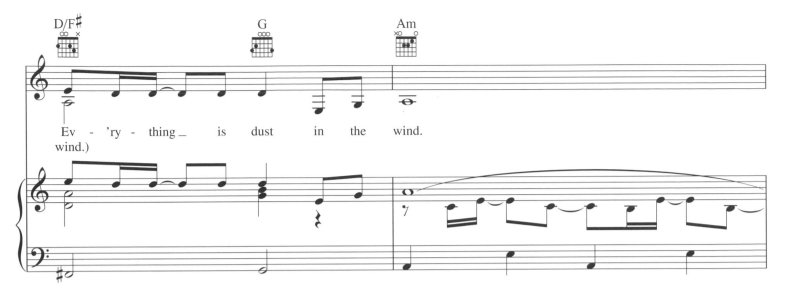

D/F#   G   Am

Ev - 'ry - thing _ is dust in the wind.
wind.)

Repeat and Fade

Optional Ending

poco rit.

FAST CAR

Words and Music by
TRACY CHAPMAN

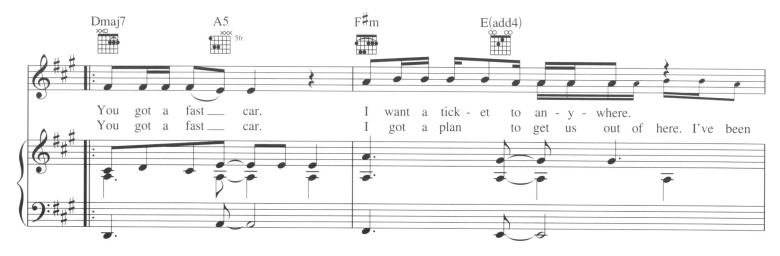

You got a fast ____ car. I want a tick-et to an-y-where.
You got a fast ____ car. I got a plan to get us out of here. I've been

May-be we make a deal. ___ May-be to-geth-er we can get some-where. ___
work-ing at the con-ve-nience store. Man-aged to save just a lit-tle bit of mon-ey.

An-y place is bet-ter. ___ Start-ing from ze-ro, got noth-ing to lose.
Won't have to drive too far, just cross the bor-der and in-to the cit-y.

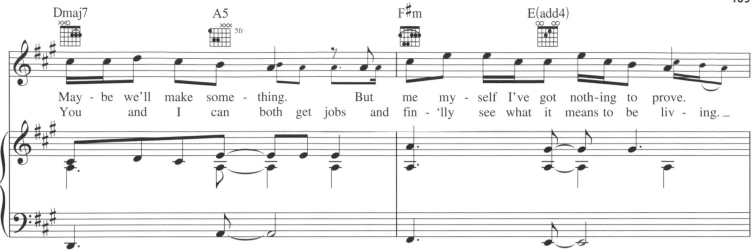

May - be we'll make some - thing. But me my - self I've got noth-ing to prove.
You and I can both get jobs and fin - 'lly see what it means to be liv - ing.__

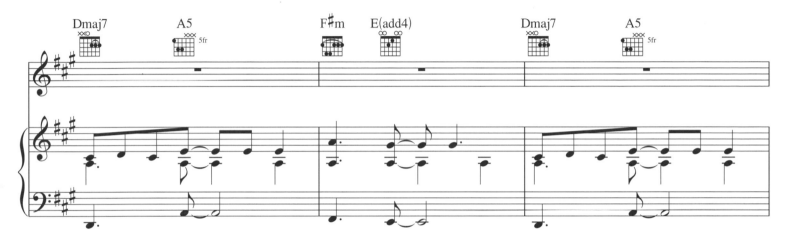

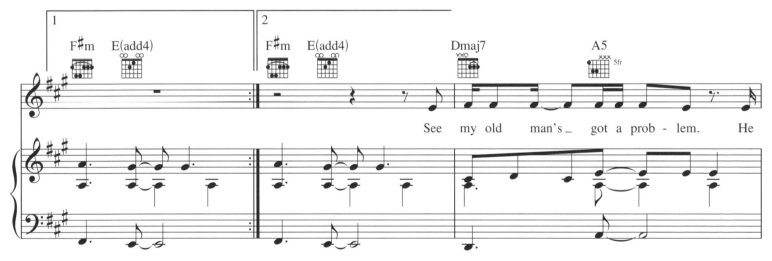

See my old man's __ got a prob - lem. He

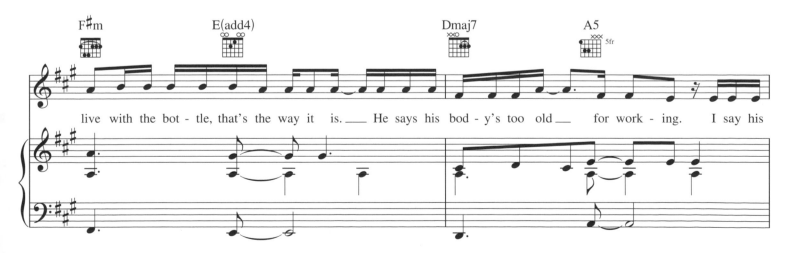

live with the bot - tle, that's the way it is. ___ He says his bod - y's too old __ for work - ing. I say his

bod - y's too young to look like his. My ma - ma went off___ and left him. She

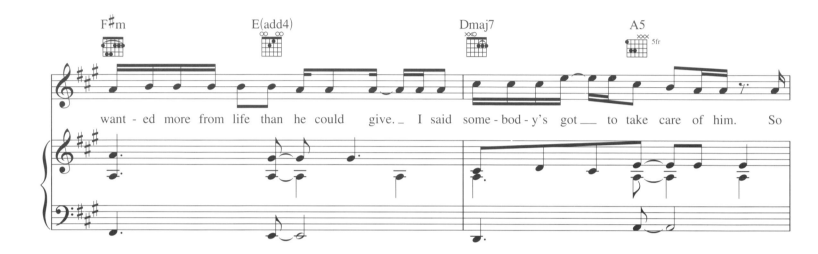

want - ed more from life than he could give.___ I said some - bod - y's got___ to take care of him. So

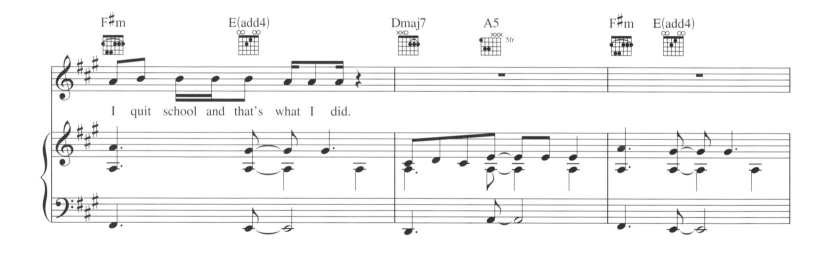

I quit school and that's what I did.

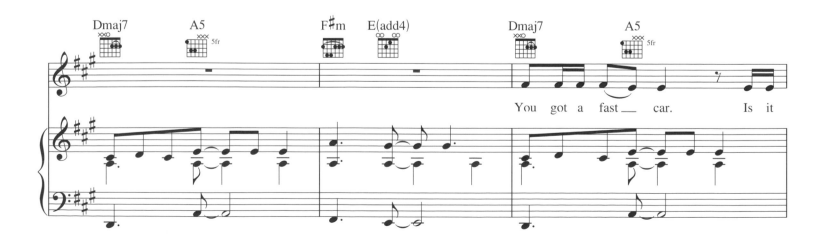

You got a fast___ car. Is it

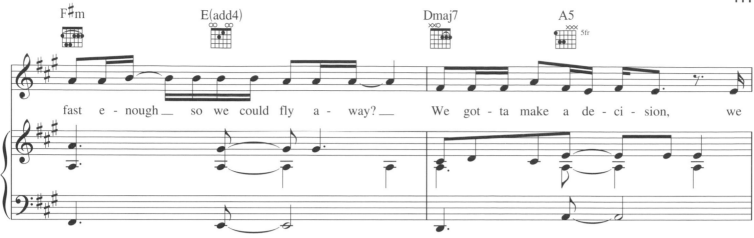

fast e - nough __ so we could fly a - way? __ We got - ta make a de - ci - sion, we

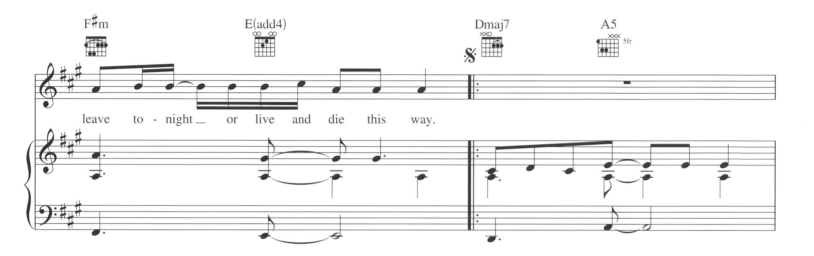

leave to - night __ or live and die this way.

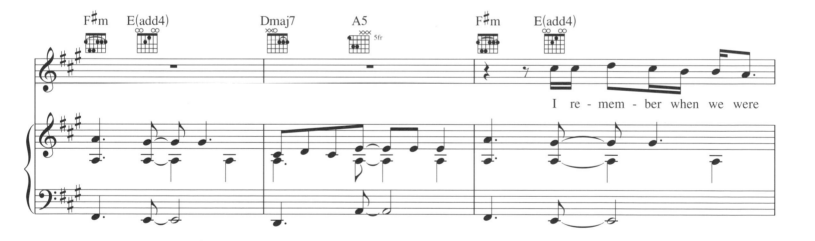

I re - mem - ber when we were

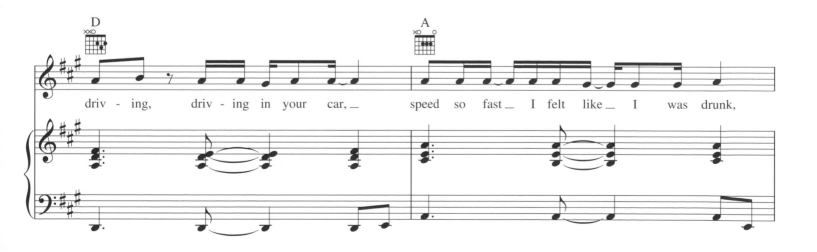

driv - ing, driv - ing in your car, __ speed so fast __ I felt like __ I was drunk,

city lights lay out be-fore __ us and your arm felt nice wrapped 'round my shoul-der. And

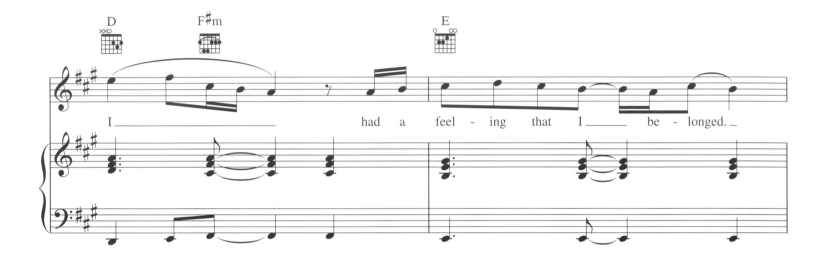

I _____ had a feel-ing that I _____ be-longed. __

I _____ had a feel-ing I could be some-one,

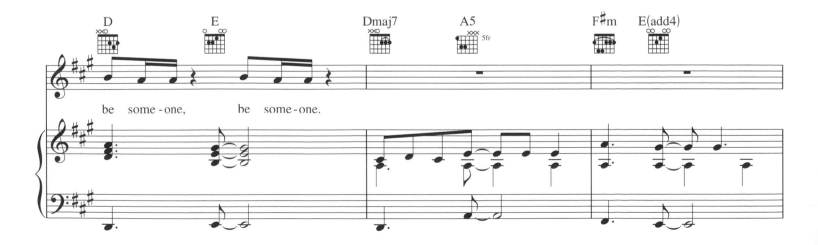

be some-one, be some-one.

D.S. al Coda

buy a big house and live in the sub-urbs. take your fast car and keep on driv-ing. __

CODA

You got a fast __ car. Is it fast e-nough __ so you can fly a-way? __

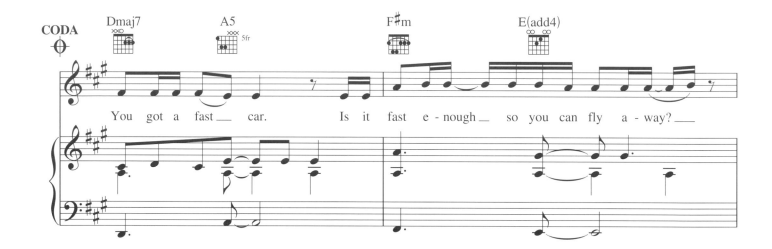

You got-ta make a de-ci-sion, you leave to-night __ or live and die this way.

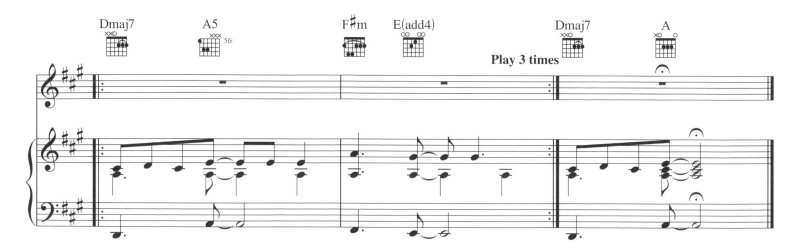

Play 3 times

THE FLAME

Words and Music by BOB MITCHELL
and NICK GRAHAM

Moderate Rock Ballad

An-oth-er night slow-ly clos-es in ___ and it feels so ___
Watch-in' shad-ows move a-cross ___ the wall, ___ I ___ feel so ___

lone-ly. ___ Touch-ing heat, freez-ing on ___ my skin, ___ I pre-
fright-ened. ___ I wan-na run to you, I wan-na call, ___ but I've been

tend you ___ still hold ___ me. ___ (1.,3.) I'm go-in' cra-zy, I'm
hit by ___ light-ning. ___ (2.) Just can't stand up for

los - in' sleep. _ I'm in too far, I'm in _ way too deep _ o - ver
fall - in' a - part, _ can't see through this veil a - crosss my heart, _ o - ver

you. (1.) I can't be - lieve _ you're _ gone. ___
you. (2., 3.) You'll al - ways _ be _ the one. ___

You were the first, you'll be ___ the last. Wher - ev - er you go, ___ I'll be with

you. _ What - ev - er you want, _ I'll give it to

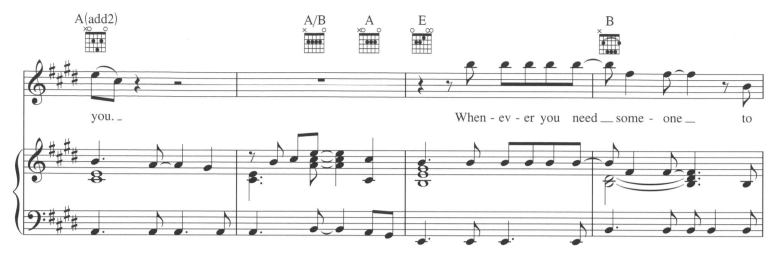

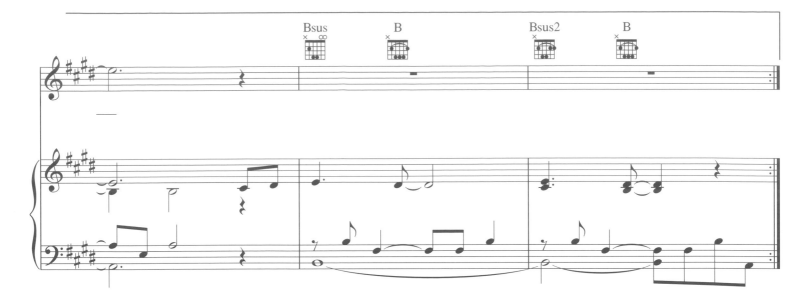

I will be ___ the flame. ___

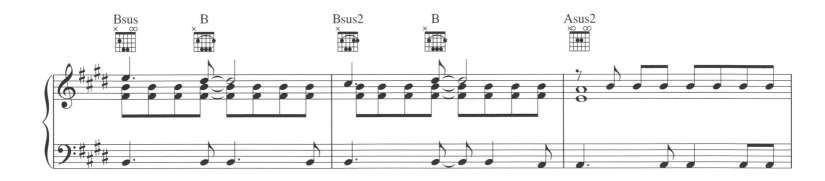

D.S. al Coda

CODA

I will be — the flame. _____ I will be — the

(1.) flame. _____
(2., etc.) Wher - ev - er you go, ___ I'll be with you. ___

What - ev - er you want, ___ I'll give it to

you.

FOOLING YOURSELF
(The Angry Young Man)

Words and Music by
TOMMY SHAW

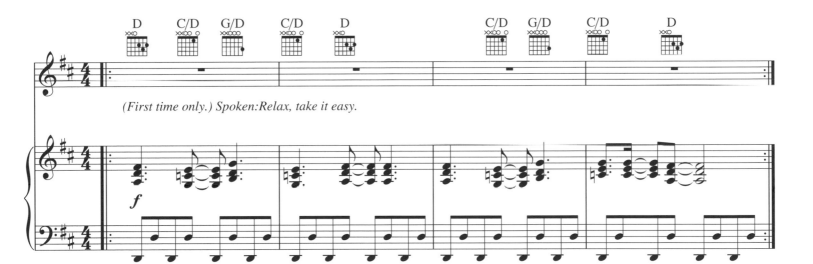

(First time only.) Spoken:Relax, take it easy.

*Sung:*You see the world ___ through your cyn - i - cal ___ eyes; ___ you're a trou - bled young man ___ I can

tell. You've got it all ___ in the palm ___ of your hand, ___ but your

hand's wet with sweat, and your head needs a rest. ___ And you're fool-ing your-self ___ if you don't be-lieve ___

___ it. You're kid-ding your-self ___ if you don't be-lieve ___ it. ___

Why must you be ___ such an an-gry young man ___ when your fu-ture looks quite ___ bright to

me? And how can there be ___ such a sin - is - ter plan ___ that could

hide such a lamb, ___ such a car - ing young man? ___ And you're

fool - ing your - self ___ if you don't be - lieve ___ it. You're

kill - ing your - self ___ if you don't be - lieve ____ it. ___ Get

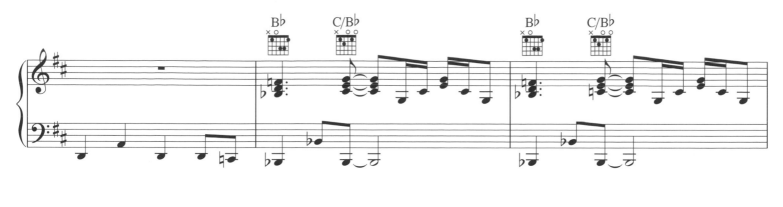

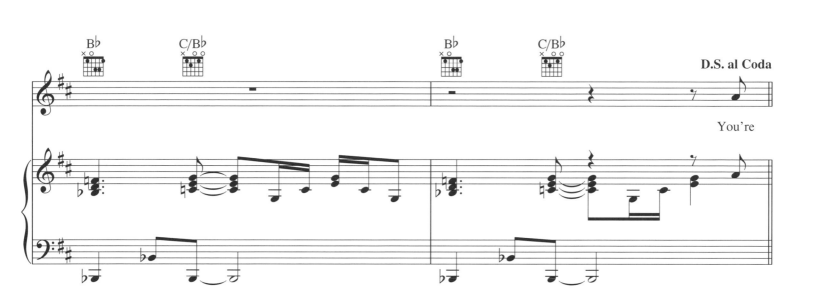

D.S. al Coda

You're

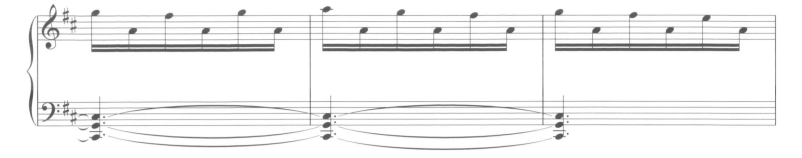

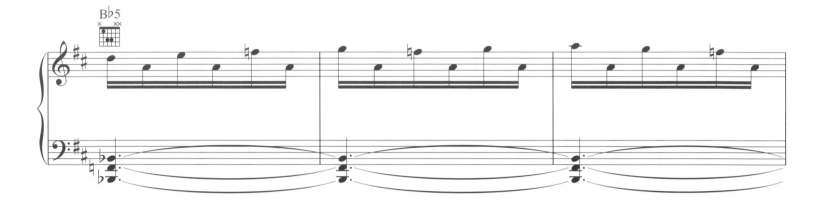

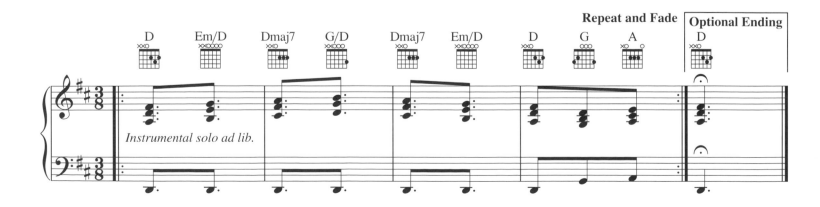

GIVE A LITTLE BIT

Words and Music by RICK DAVIES
and ROGER HODGSON

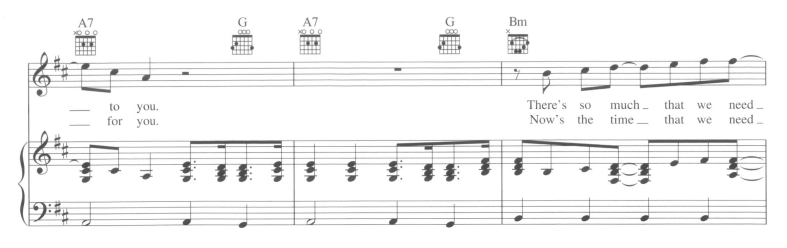

There's so much __ that we need __
Now's the time __ that we need __

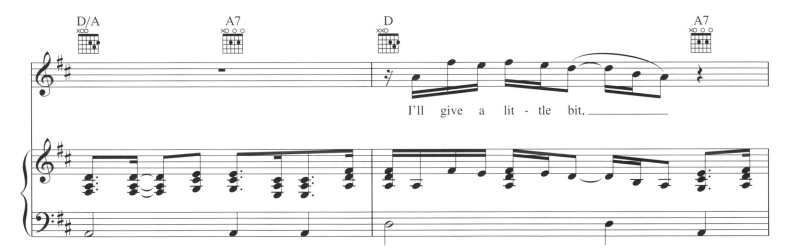

__ to share, __ so send a smile __ and show _____ you care. __
__ to share, __ so

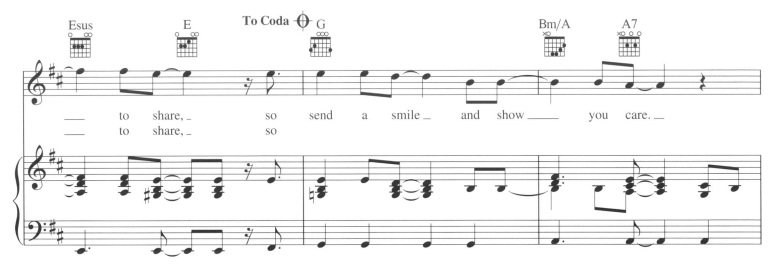

I'll give a lit - tle bit, _____

I'll give a lit - tle bit ____ of my life ____ for you.

So, give a lit - tle bit, _____

oh, give a lit - tle bit ____ of your time ____ to me.

See the man ___ with the lone - ly eyes? _ Oh,

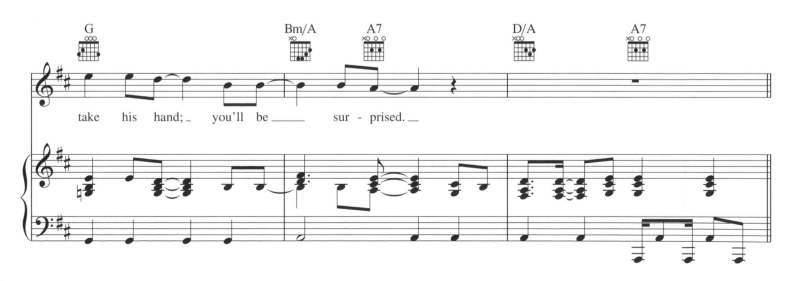

take his hand; _ you'll be _____ sur - prised. _

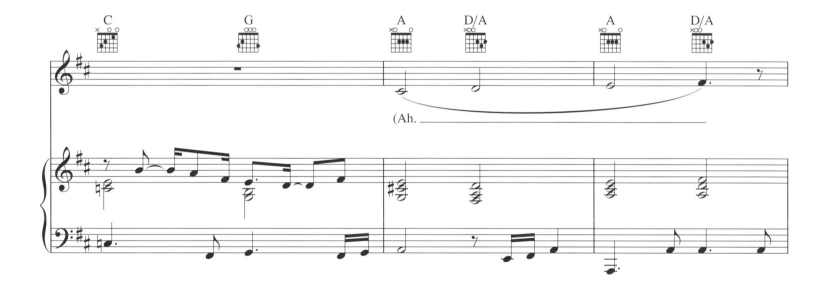

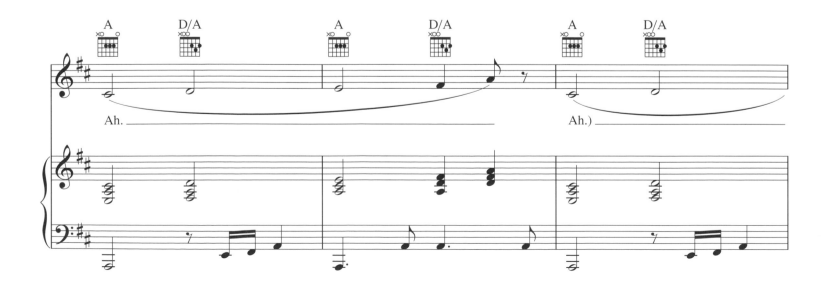

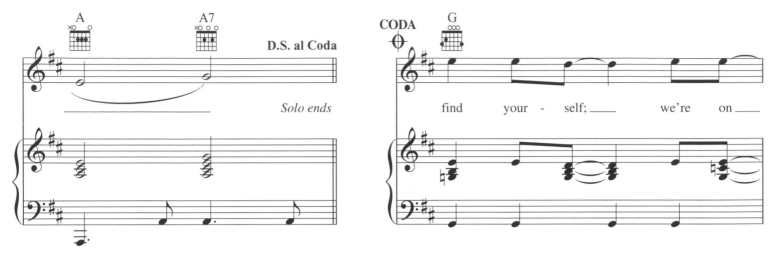

find your - self; ____ we're on ____

____ our way ____ back home. ____ Oh, go - in' home. ____

Don't you need, don't you need to feel ___ at home? ____

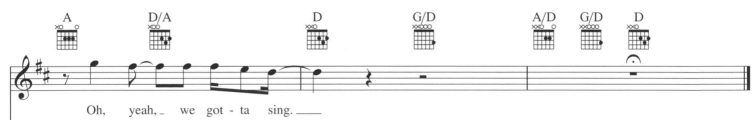

Oh, yeah, ___ we got - ta sing. ____

FREE FALLIN'

Words and Music by TOM PETTY
and JEFF LYNNE

It's a long day ____
vam - pires ____
glide down ____

liv - in' in Re - se - da. There's a free - way ____ run - nin' through the yard. ____ And I'm a
walk - in' through the val - ley move ____ west down ____ Ven - tur - a Boul - e - vard. And all the
o - ver Mul - hol - land. I wan - na write her ____ name in the sky. ____ I wan - na

bad boy ____ 'cause I don't e - ven miss ____ her. I'm a bad boy ____ for
bad boys ____ are stand - ing in the shad - ows. And the good girls ____ are
free fall ____ out in - to noth - in'. Gon - na leave this ____

break - in' her ___ heart. ___
home with bro - ken hearts. ___
world for a - while. ___
And I'm free, free

fall - in'.
Yeah, I'm free,

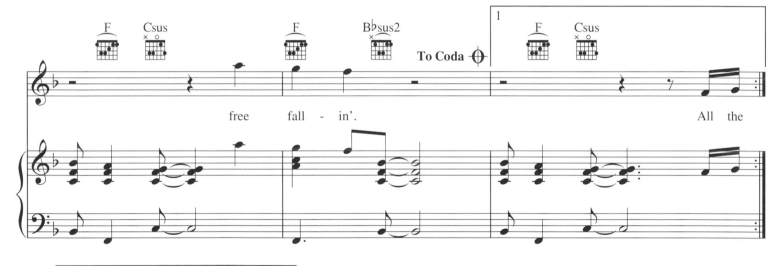

free fall - in'.
To Coda ⊕
All the

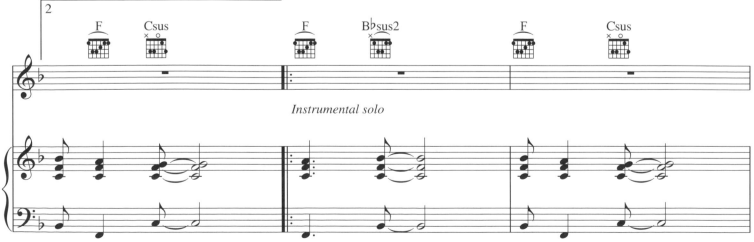

Instrumental solo

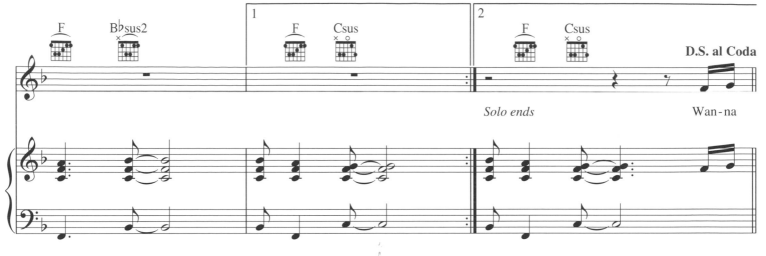

HAVE YOU EVER
REALLY LOVED A WOMAN?

from the Motion Picture DON JUAN DeMARCO

Words and Music by BRYAN ADAMS,
MICHAEL KAMEN and ROBERT JOHN LANGE

1. To real-ly love a wom-an, to un-der-
2., 3. (See additional lyrics)

stand her, you got-ta know her deep in-side; hear ev-'ry

thought, see ev-'ry dream, n' give her wings when she wants to

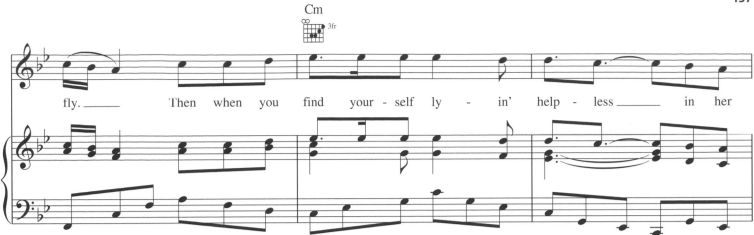

fly. _____ Then when you find your-self ly - in' help-less _____ in her

arms, _____ ya know ya real - ly love,

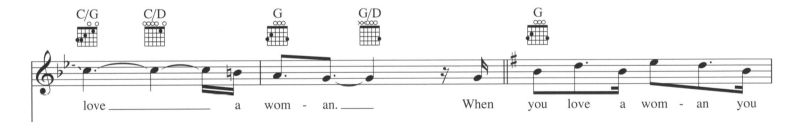

love _____ a wom - an. _____ When you love a wom - an you

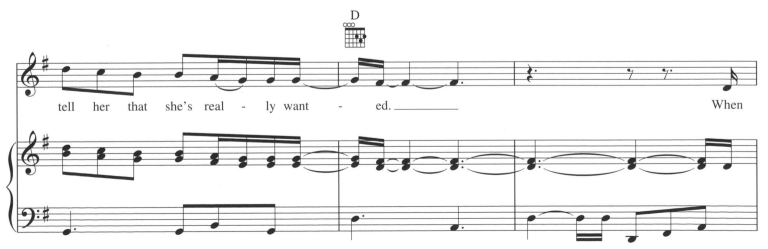

tell her that she's real - ly want - ed. _____ When

you love a wom - an you tell her that she's _____ the one, _____

'cause she needs some - bod - y to tell her that it's gon - na last _

for - ev - er. _____ So tell me have you ev - er real - ly,

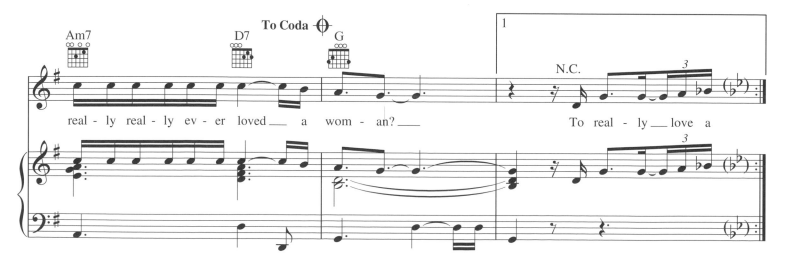

real - ly real - ly ev - er loved _____ a wom - an? _____ To real - ly _____ love a

You got to give her some faith. hold her tight: a lit-tle ten-der-ness, you got-ta treat her right. She will be there for you

tak-in' good care of you. (Ya real-ly got-ta love your wom-an, yeah.)

D.S. al Coda

CODA

wom-an? Just tell me have you ev-er real-ly,

Additional Lyrics

2. To really love a woman, let her hold you
   Till ya know how she needs to be touched.
   You've gotta breathe her, really taste her.
   Till you can feel her in your blood.
   N' when you can see your unborn children in her eyes.
   Ya know ya really love a woman.

   When you love a woman
   You tell her that she's really wanted.
   When you love a woman
   You tell her that she's the one.
   'Cause she needs somebody to tell her
   That you'll always be together
   So tell me have you ever really,
   Really really ever loved a woman.

3. *Instrumental*

   Then when you find yourself
   Lyin' helpless in her arms.
   You know you really love a woman.

   When you love a woman *etc.*

HERE COMES THE SUN

Words and Music by
GEORGE HARRISON

Moderately

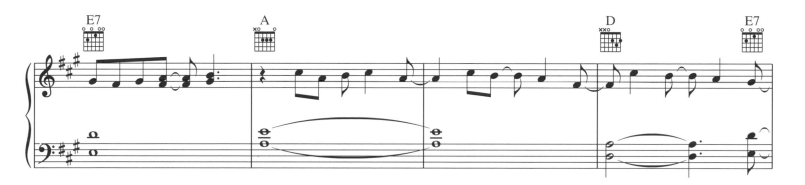

Here comes _ the sun, ___ doo da doo doo,

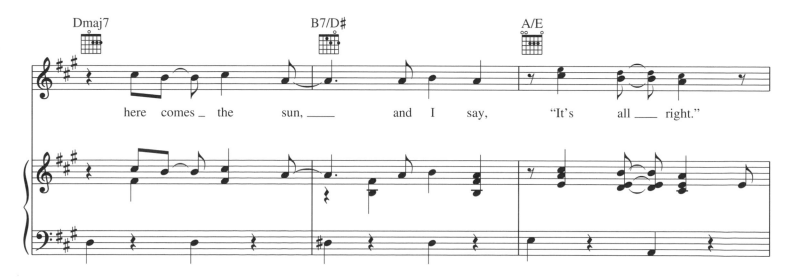

here comes _ the sun, ___ and I say, "It's all _ right."

Lit - tle dar - ling,
Lit - tle dar - ling,
Lit - tle dar - ling,

it's been __ a long, __ cold, lone - ly win - ter;
the smiles __ re - turn - ing to __ their fac - es;
I feel __ that ice ___ is slow - ly melt - ing;

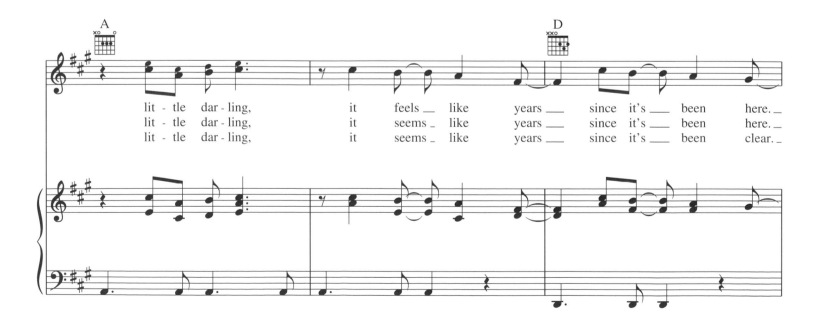

lit - tle dar - ling, it feels __ like years ___ since it's __ been here.
lit - tle dar - ling, it seems __ like years ___ since it's __ been here.
lit - tle dar - ling, it seems __ like years ___ since it's __ been clear.

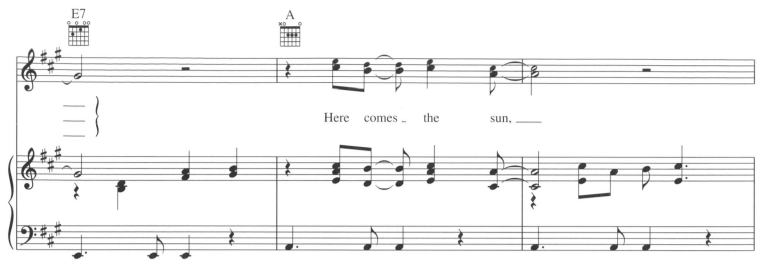

Here comes _ the ____ sun, ____

here comes _ the ____ sun, ____ and I say, "It's all ___ right."

To Coda ⊕

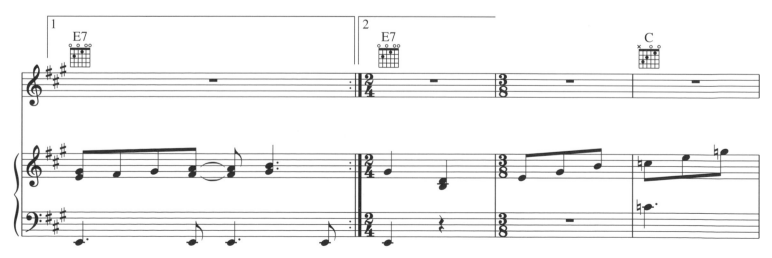

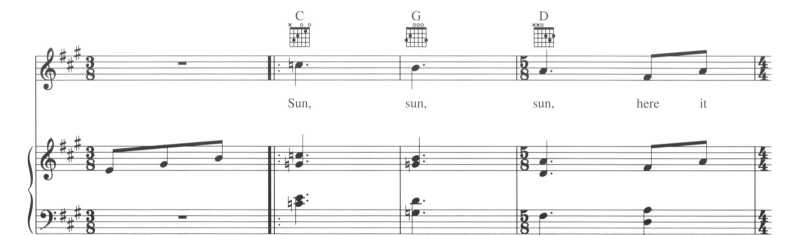

Sun,   sun,   sun,   here   it

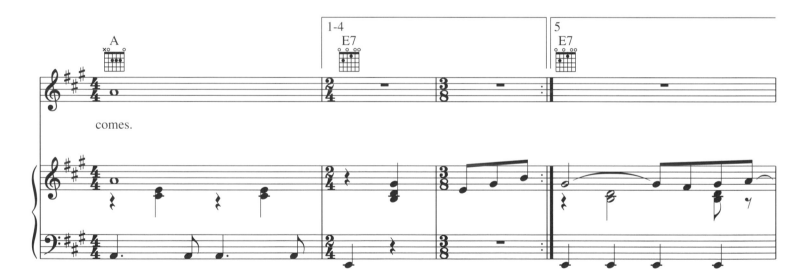

comes.

D.S. al Coda

Here comes _ the sun, ___ here comes _ the sun._

___ It's all ___ right.

It's all ___ right.

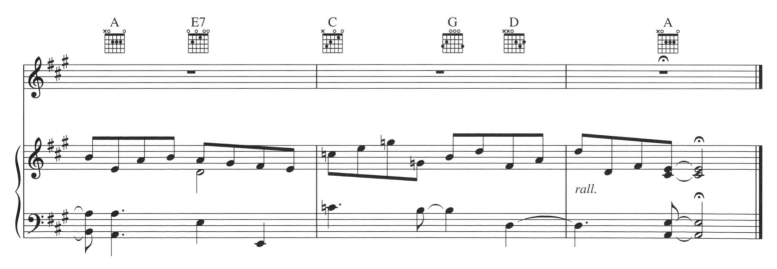

rall.

HEAVEN

Words and Music by BRYAN ADAMS
and JIM VALLANCE

Oh,   think-in' a - bout ___ all our
Oh,   once   in your   life ___ you will

young - er   years; _   there was on - ly you ___ and me; ___   we were
find   some - one ___   who will turn your world   a - round; ___   bring you

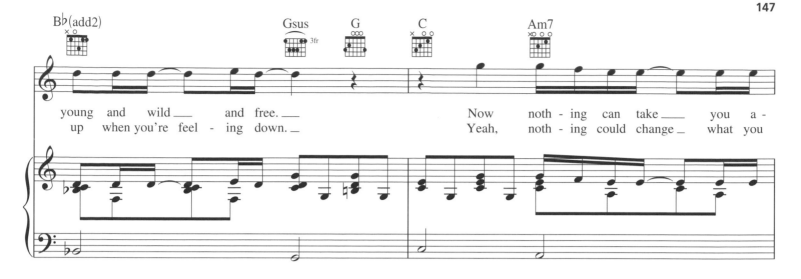

young and wild ___ and free. ___   Now   noth - ing can take ___ you a -
up when you're feel - ing down. ___   Yeah,   noth - ing could change ___ what you

way from me. ___   We've been down that road be - fore, _   but that's
mean to me. ___   Oh, there's lots that I could say. _   Just

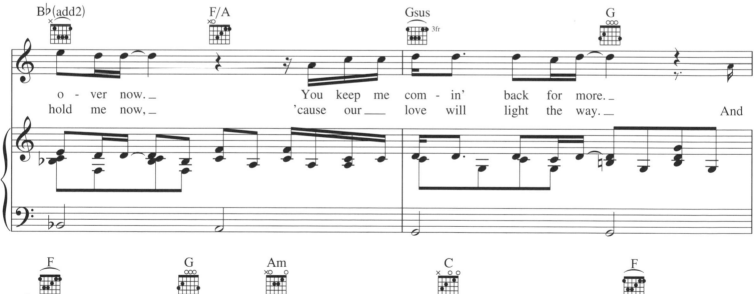

o - ver now. _   You keep me com - in' back for more. _
hold me now, _   'cause our ___ love will light the way. _   And

Ba - by, ⎫
ba - by, ⎭ you're all ___ that I want   when you're ly - in' here _ in my arms.   I'm

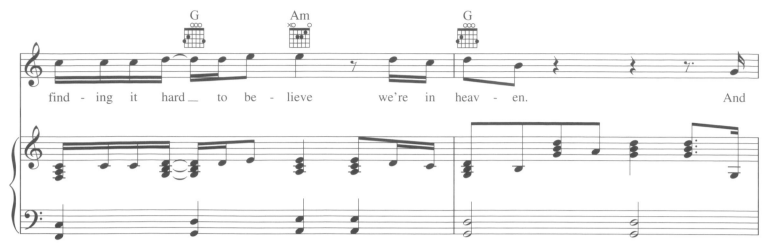

find-ing it hard ___ to be - lieve we're in heav - en. And

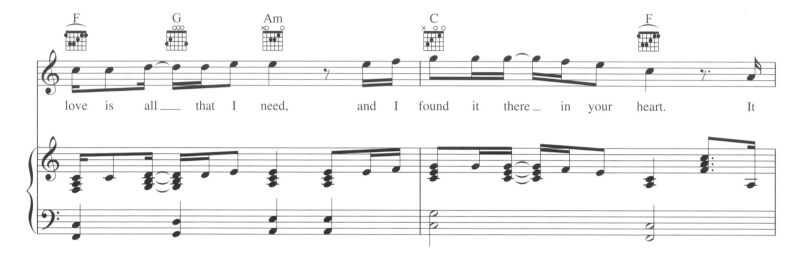

love is all ___ that I need, and I found it there ___ in your heart. It

is - n't too hard ___ to see ___ we're in heav - en.

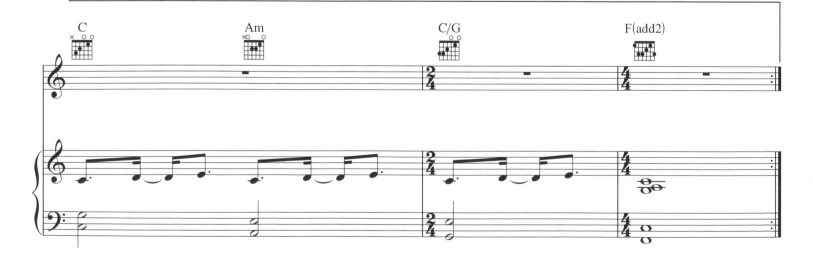

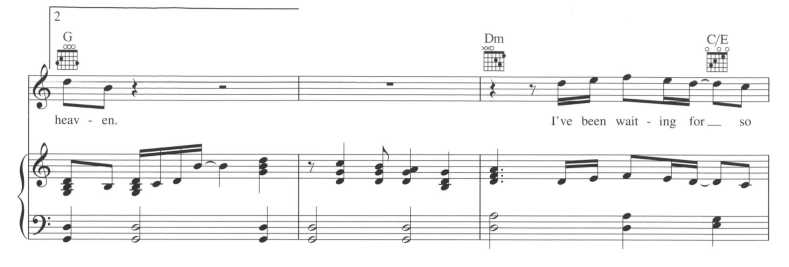

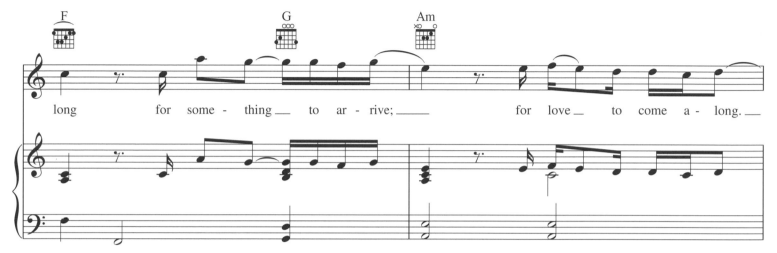

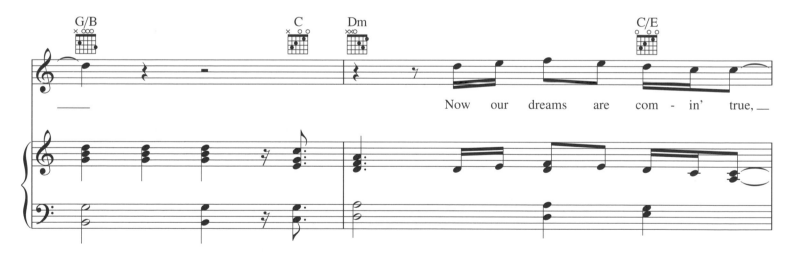

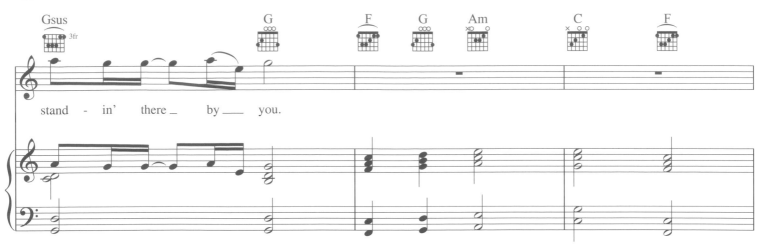

stand - in' there __ by __ you.

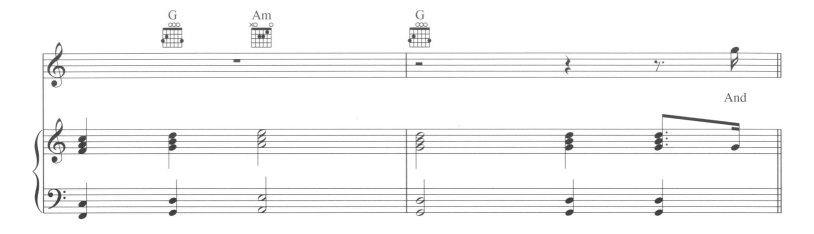

And

Repeat and Fade

ba - by, } you're all __ that I want when you're ly - in' here __ in my arms. I'm
Ba - by, }

find - ing it hard __ to be - lieve we're in heav - en. And

HELP ME MAKE IT THROUGH THE NIGHT

Words and Music by
KRIS KRISTOFFERSON

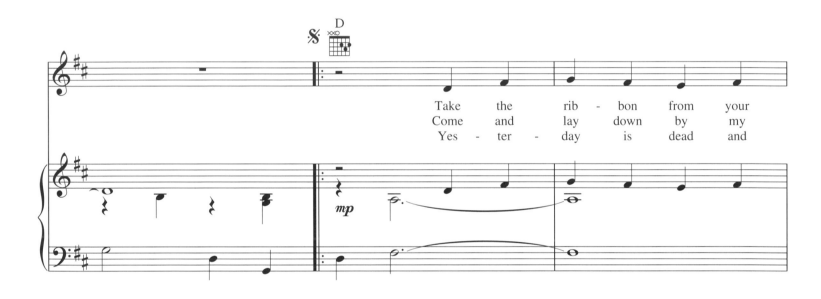

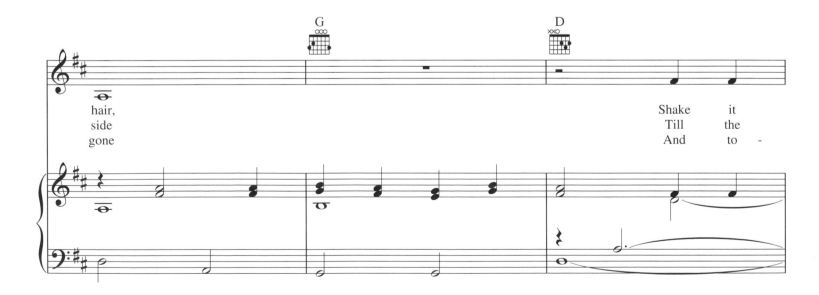

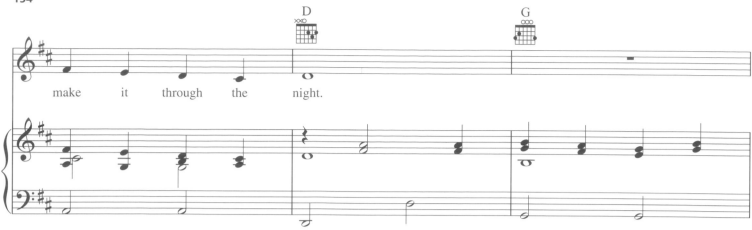

make it through the night.

I don't care who's right or wrong, _____

_____ I don't try to un - der -

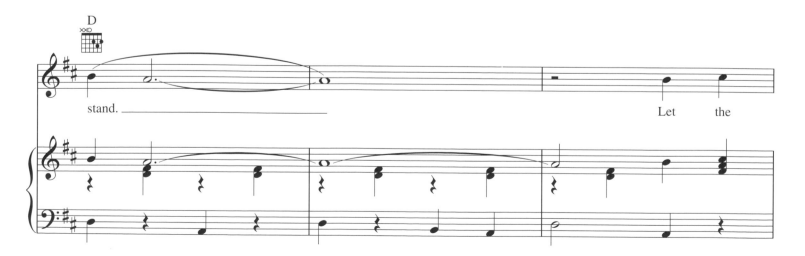

stand. _____ Let the

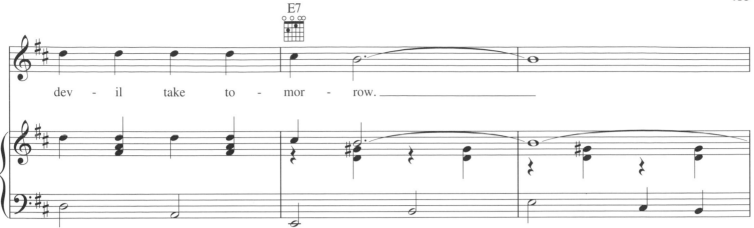

dev - il take to - mor - row. _____

Lord, to - night I need a friend. _____

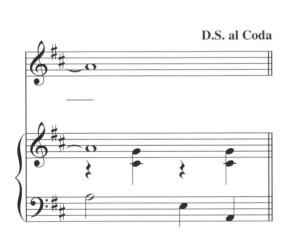

D.S. al Coda

CODA

Help me make it through the

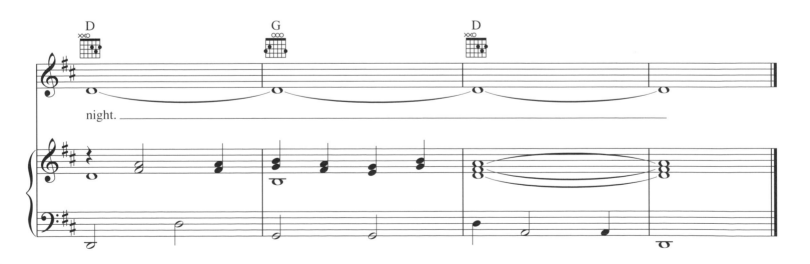

night. _____

HELPLESSLY HOPING

Words and Music by
STEPHEN STILLS

Moderately fast

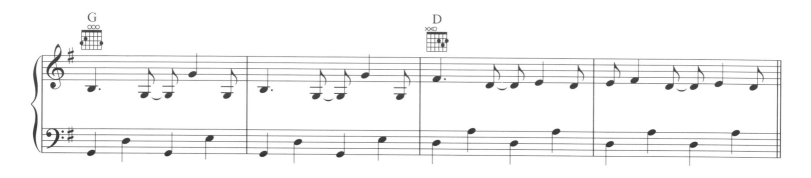

Help - less - ly hop - ing,__ her har - le - quin hov - ers _____ near -

by, a - wait - ing __ a word. __

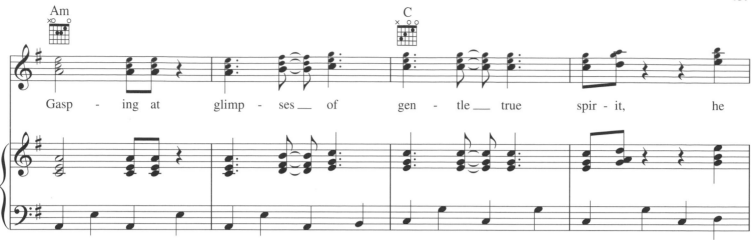

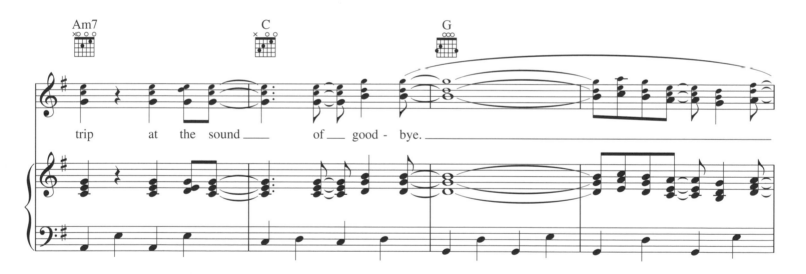

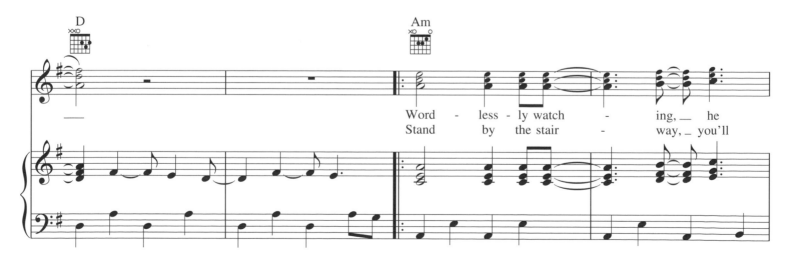

waits by the win - dow __ and won - ders at the emp - ty place __ in - side. __
see some - thing cer - - tain to tell _____ you con - fu - - sion has __ its cost. __

Heart - less - ly help - ing __ him __
Love is - n't ly - ing, __ it's

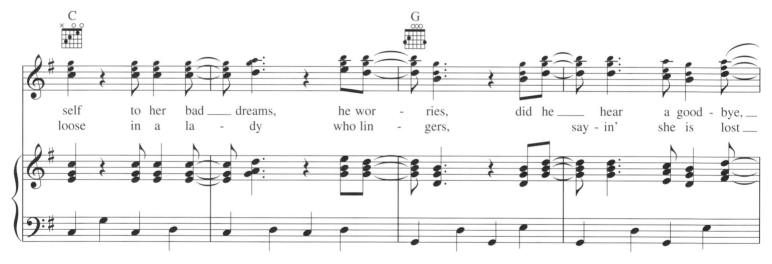

self to her bad __ dreams, he wor - ries, did he __ hear a good - bye,
loose in a la - - dy who lin - gers, say - in' she is lost __

_____ or e - ven _____ hel - lo? __
_____ and chok - ing _____ on hel - lo. __

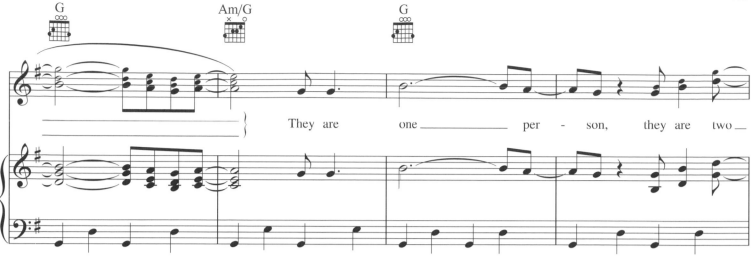

They are one _____ per - son, they are two ___

___ a - lone, _____ they are three ___ to - geth - er, they are for ___

each oth - er.

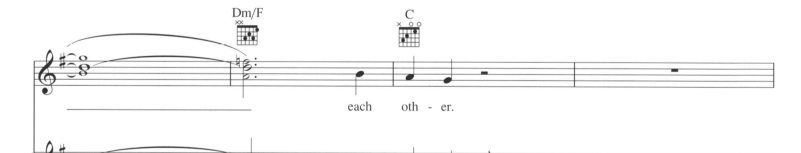

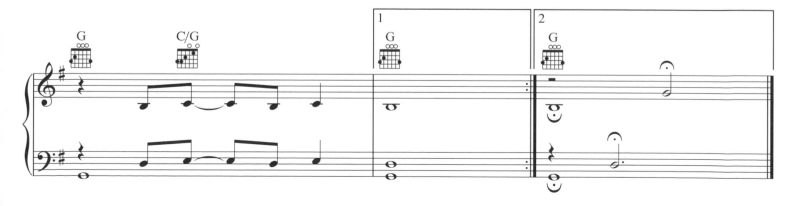

I WANT TO KNOW WHAT LOVE IS

Words and Music by
MICK JONES

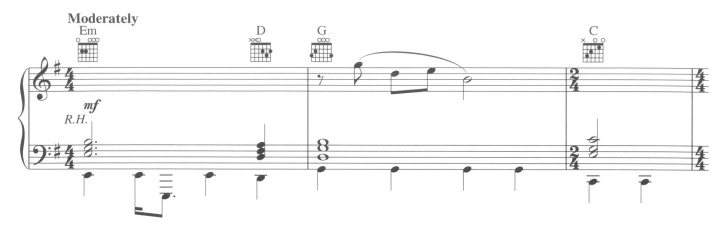

I've got-ta take a lit-tle time,_

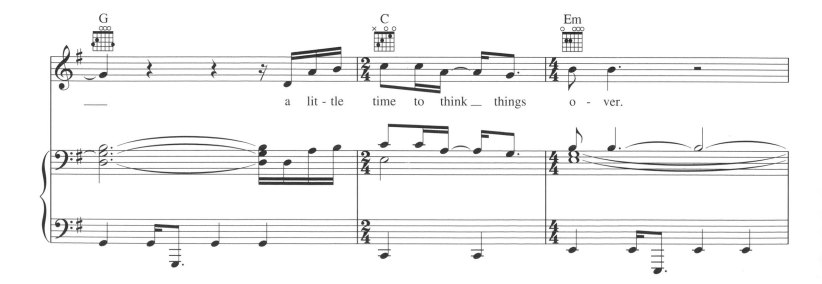

_ a lit-tle time to think_ things o-ver.

I bet-ter read be-tween_ the lines,_ in case I

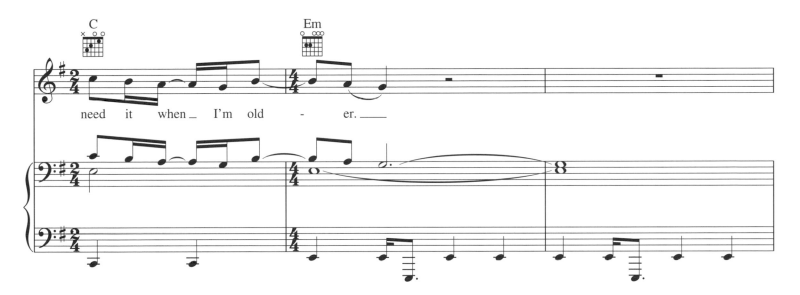

need it when_ I'm old - er. _

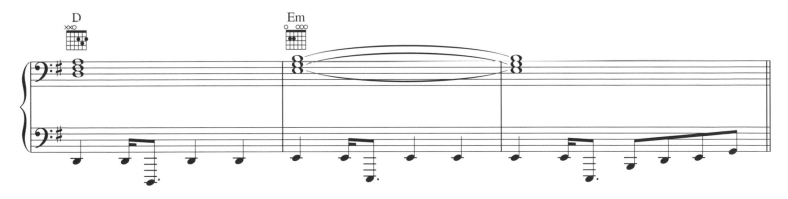

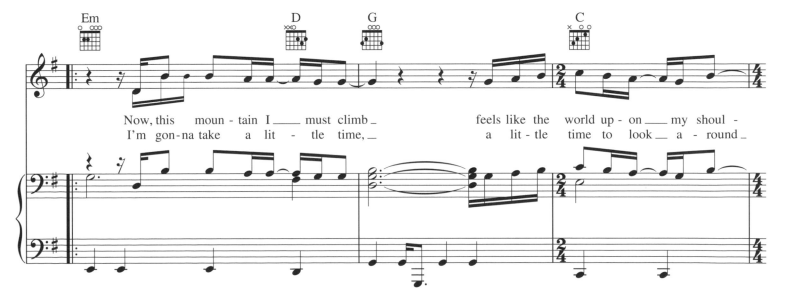

Now, this moun-tain I ___ must climb_ feels like the world up-on ___ my shoul -
I'm gon-na take a lit-tle time,_ a lit-tle time to look_ a-round_

I WILL REMEMBER YOU

Theme from THE BROTHERS McMULLEN

Words and Music by SARAH McLACHLAN,
SEAMUS EGAN and DAVE MERENDA

A · D/F# · E7

___ your warmth up - on ___ me. I wan - na be the one. ___
ing in - side or we ___ can't be heard.
gave me ev - 'ry - thing you had, oh, you gave me light. ___

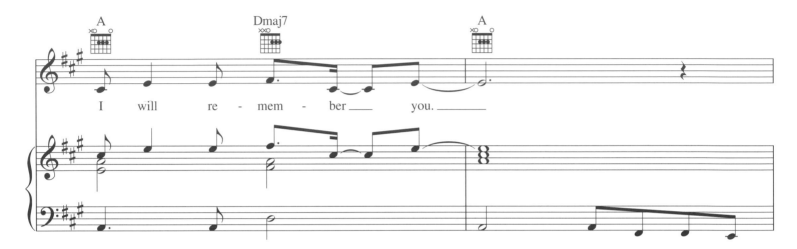

A · Dmaj7 · A

I will re - mem - ber ___ you. ___

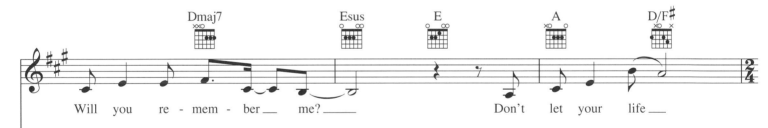

Dmaj7 · Esus · E · A · D/F#

Will you re - mem - ber ___ me? ___ Don't let your life ___

A/E · Bm7 · A · D

pass ___ you by. ___ Weep not for ___ the

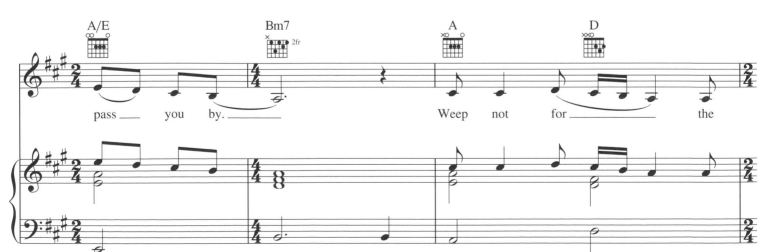

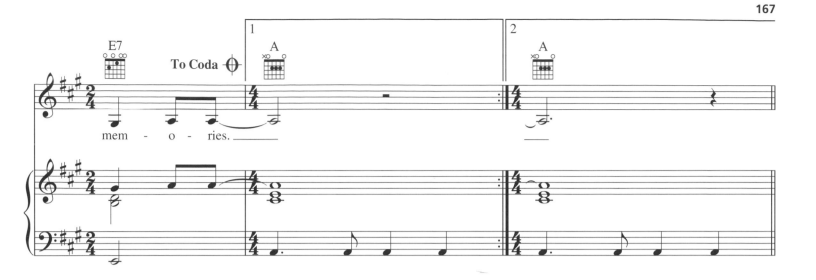

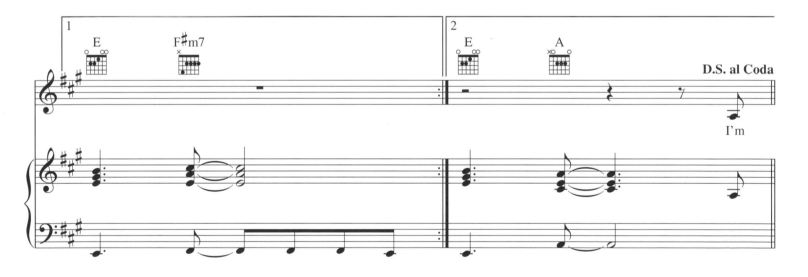

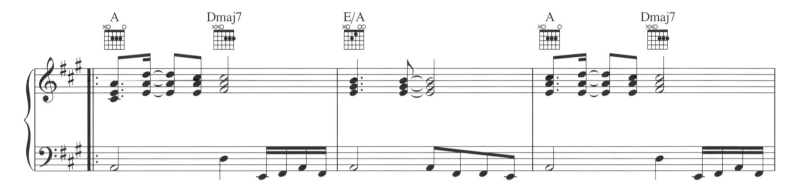

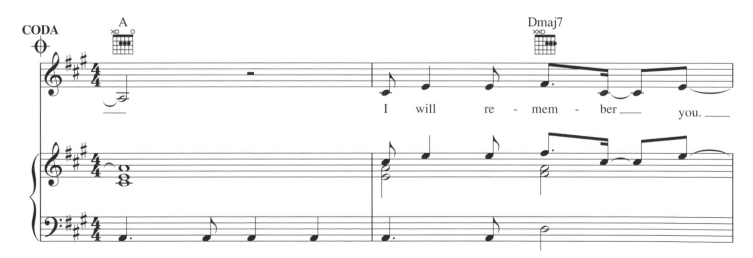

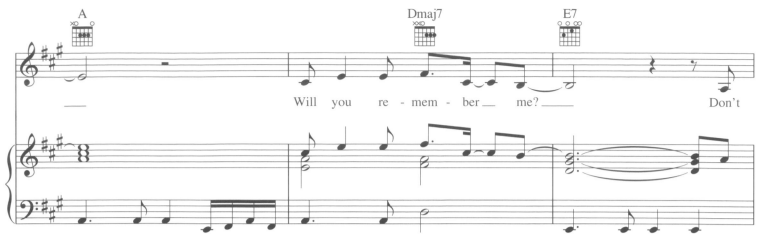

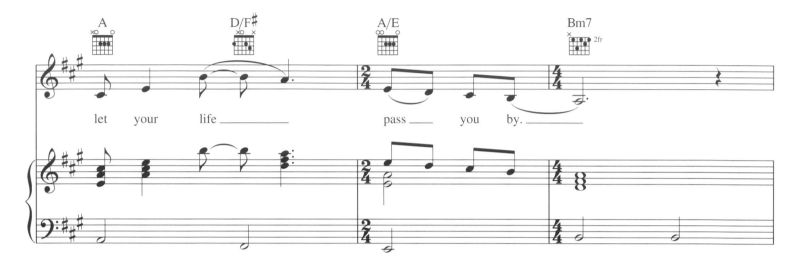

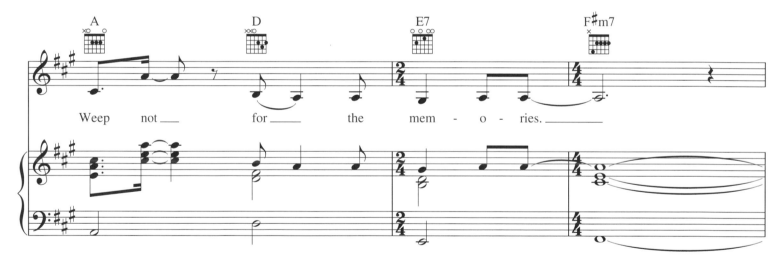

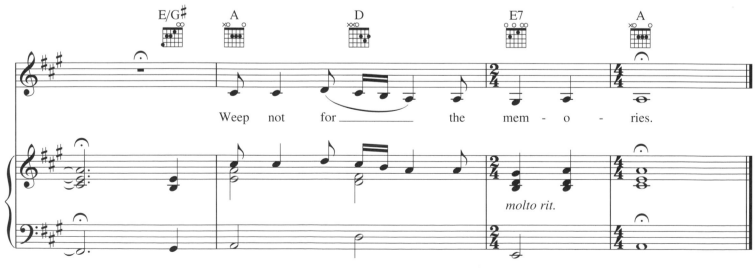

I'LL HAVE TO SAY I LOVE YOU IN A SONG

Words and Music by
JIM CROCE

Moderately fast

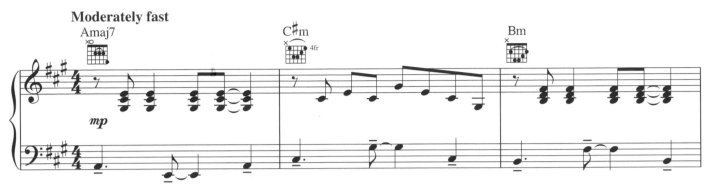

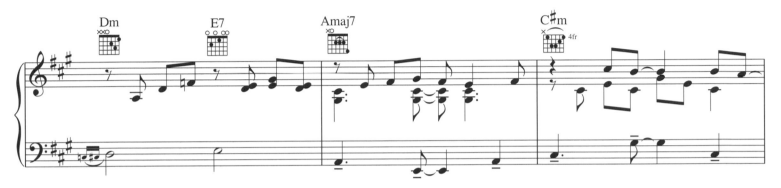

Well I know it's kind of late. ___
know it's kind of strange ___

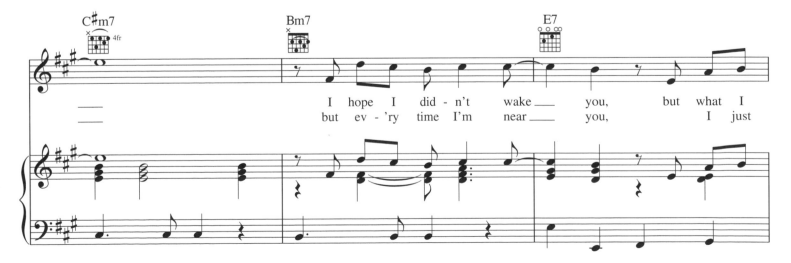

I hope I did-n't wake ___ you, but what I
but ev-'ry time I'm near ___ you, I just

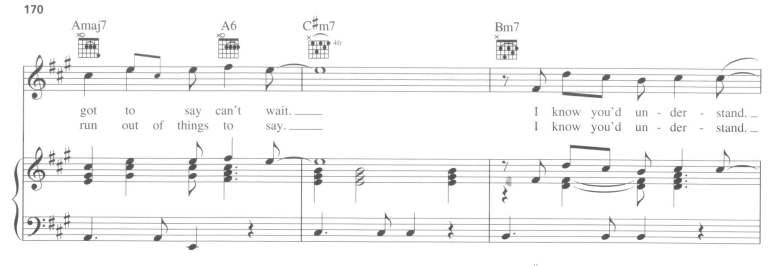

got to say can't wait. ____
run out of things to say. ____
I know you'd un-der-stand. __
I know you'd un-der-stand. __

Solo ends

(1.,2.,4.) 'Cause ev-'ry time I tried to tell ___ you the
(3.) 'Cause ev-'ry time the time was right ___ all the

mf

words just came out wrong. _____ So I'll have to say _____ I love _
words just came out wrong. _____ So I'll have to say _____ I love _

To Coda ⊕

___ you in a song. _____
___ you in a song. __

Yeah, I
Instrumental solo

mp

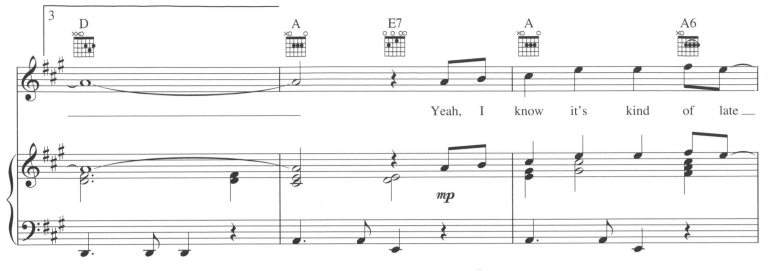

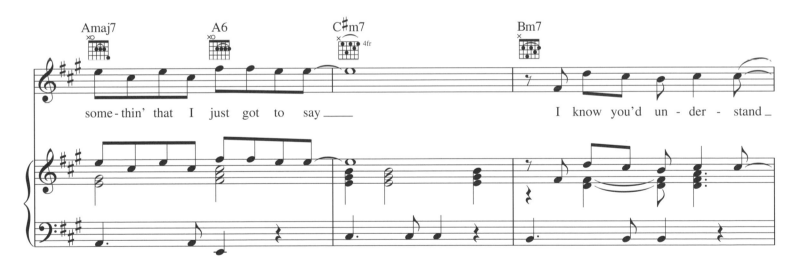

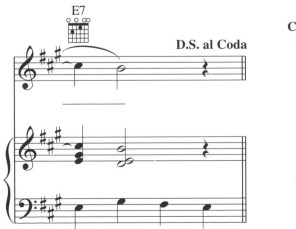

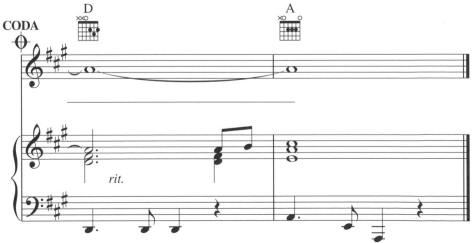

IRIS
from the Motion Picture CITY OF ANGELS

Words and Music by
JOHN RZEZNIK

With a steady pulse

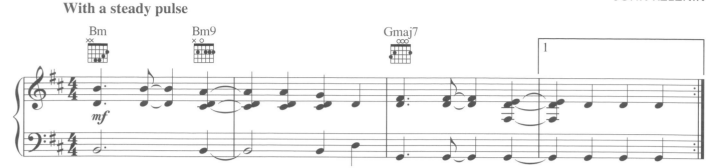

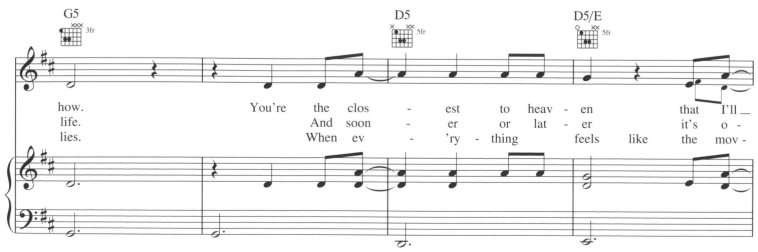

G5   Bm

____ ev - er ____ be   and I ____ don't ____ wan - na go ____
\- ver.   I just ____ don't ____ wan - na miss ____
\- ies,   yeah, you ____ bleed ____ just to know __

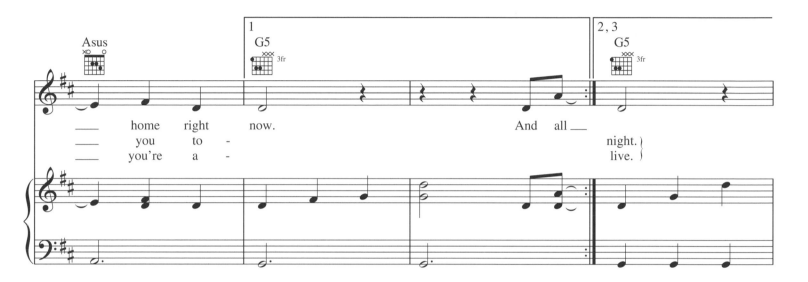

Asus   1. G5   2, 3. G5

____ home right now.   And all ____
____ you to -   night. }
____ you're a -   live. }

Bm   A (add4)   G (add2)

And I ____ don't want the world ____ to see me

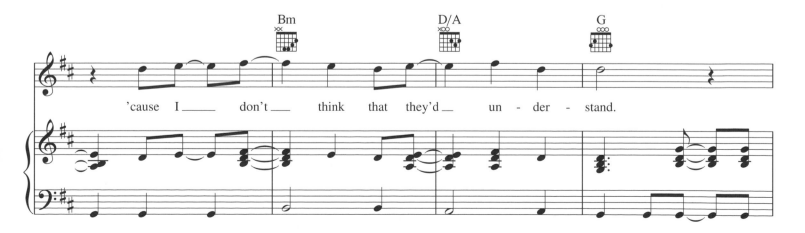

Bm   D/A   G

'cause I ____ don't ____ think that they'd ____ un - der - stand.

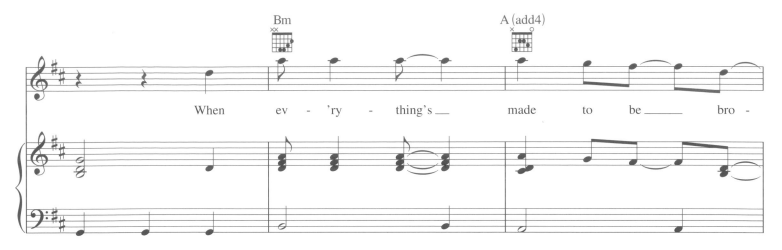

When ev - 'ry - thing's ___ made to be ___ bro -

- ken I just ___ want ___ you to know ___

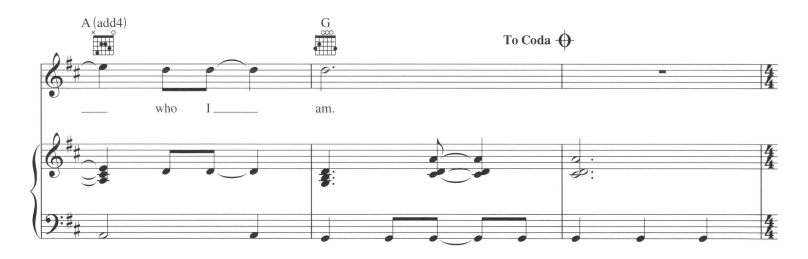

To Coda

___ who I ___ am.

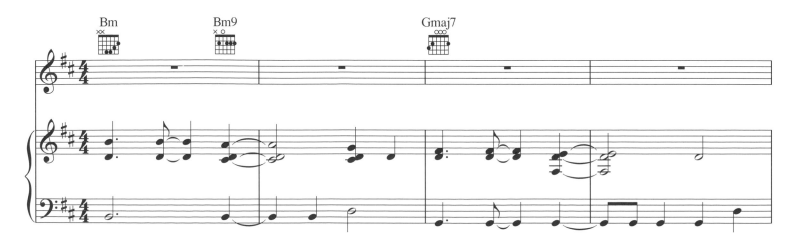

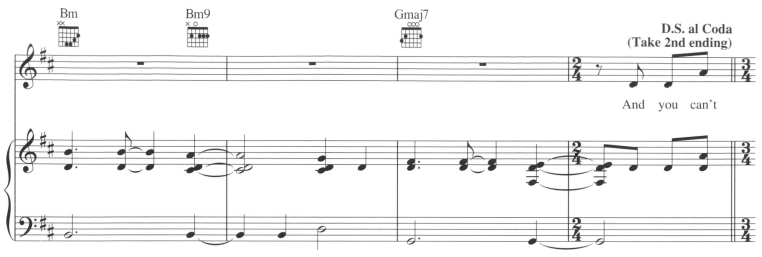

And you can't

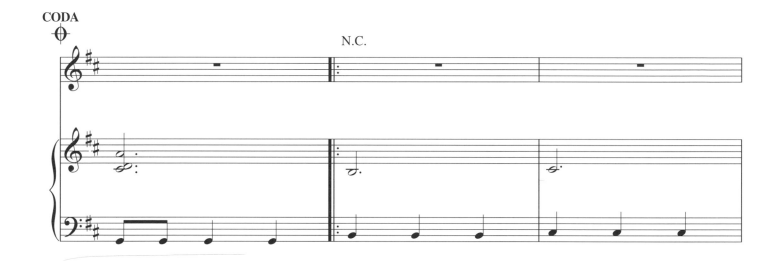

CODA

N.C.

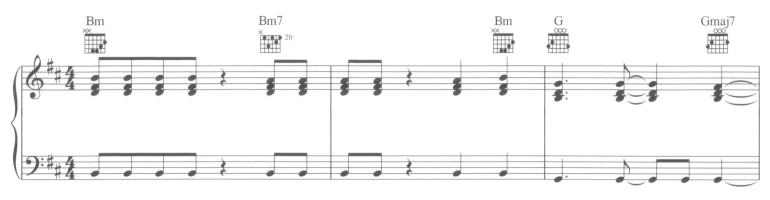

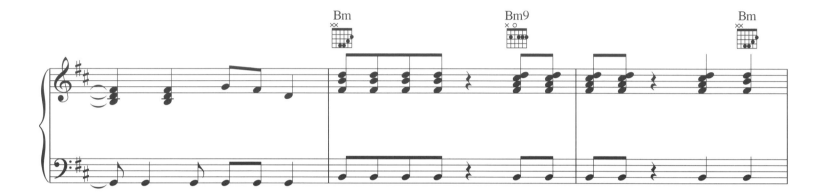

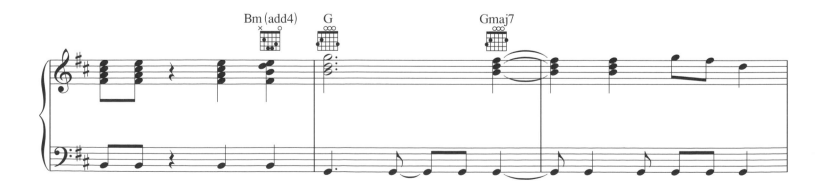

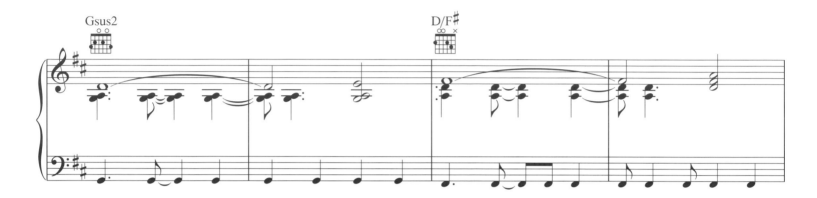

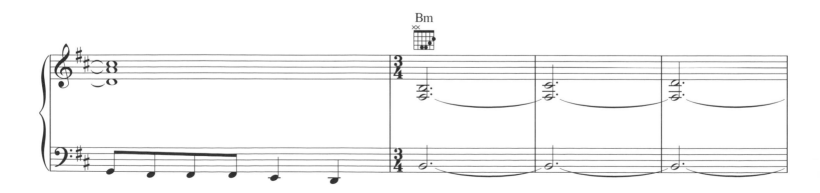

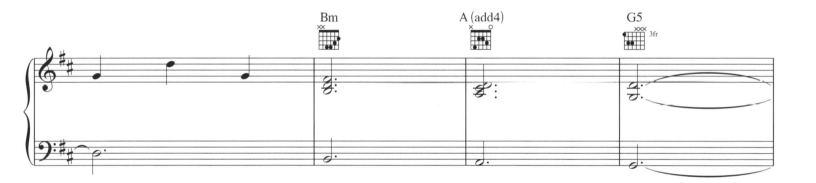

And I ____ don't want the world ___ to see ___ me

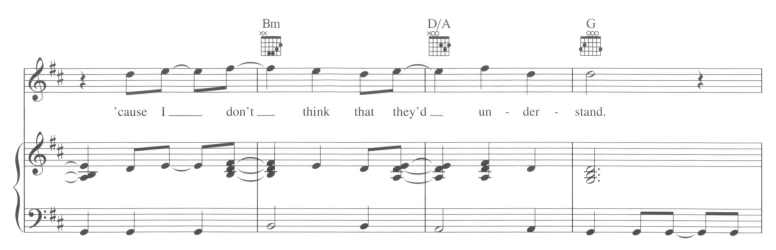

'cause I ____ don't ____ think that they'd ____ un - der - stand.

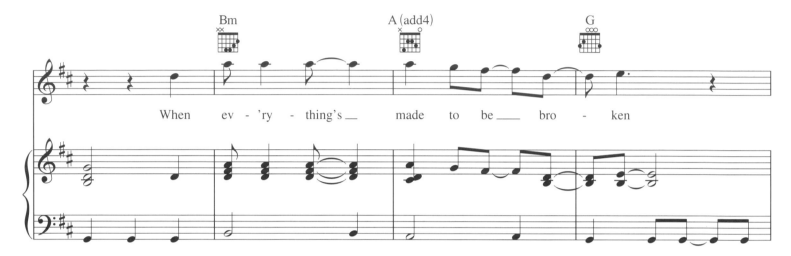

When ev - 'ry - thing's ____ made to be ____ bro - ken

I just ____ want ____ you to know ____ who I _____

am. _____ And I ____

am. I just ___ want ___ you to know ___

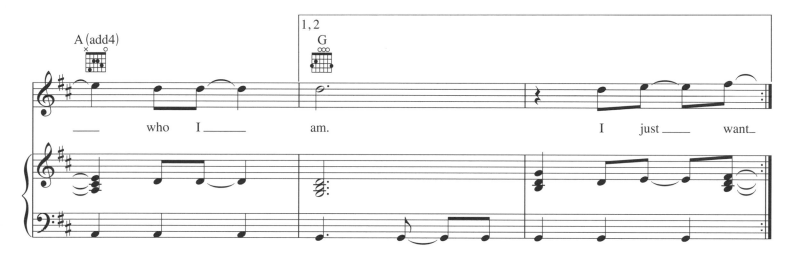

___ who I ___ am. I just ___ want_

am. _____
Vocal 1st time only

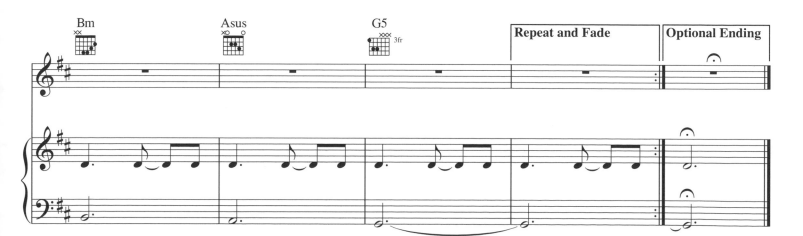

Repeat and Fade **Optional Ending**

JUMPER

Words and Music by
STEPHAN JENKINS

I would un - der - stand. _____

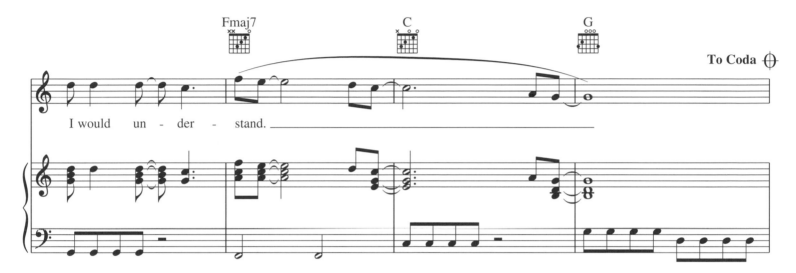

To Coda ⊕

I would un - der - stand. _____

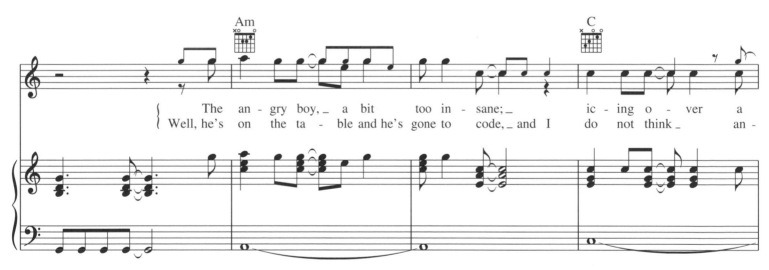

The an - gry boy, _ a bit too in - sane; _ ic - ing o - ver a

Well, he's on the ta - ble and he's gone to code, _ and I do not think _ an -

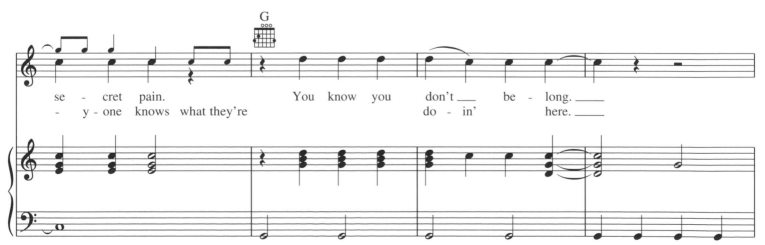

se - cret pain. You know you don't ___ be - long. _____

- y - one knows what they're do - in' here. _____

You're the first to fight.__ You're way too loud. You're the flash of light__ on a
And your friends have left __ you, you've been dis-missed. I nev-er thought it would

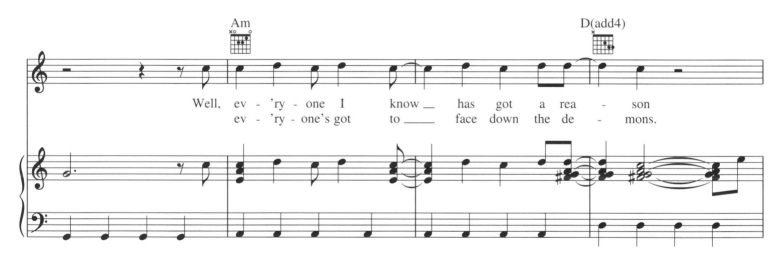

bur - i - al shroud. I know some - thing's wrong. _____
come to this. __ And I, I want you ___ to know _____

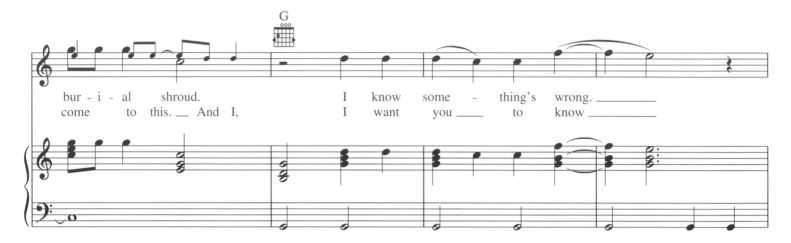

Well, ev - 'ry - one I know ___ has got a rea - son
ev - 'ry - one's got to ___ face down the de - mons.

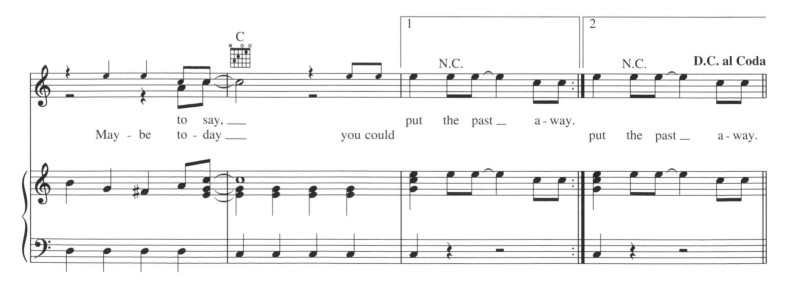

to say, ___ put the past __ a-way.
May - be to - day ___ you could put the past __ a-way.

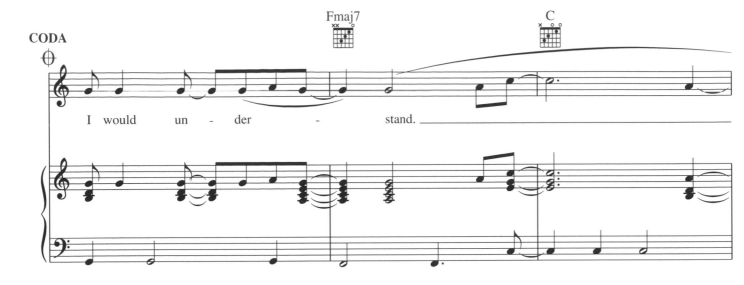

CODA

I would un - der - stand.

N.C.

1-3

4

Fmaj7

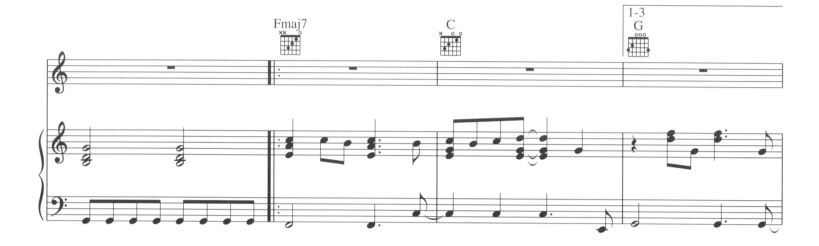

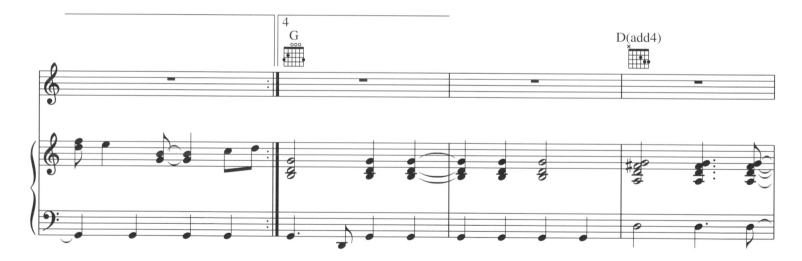

Can you put the past _ a - way? _ I wish you would

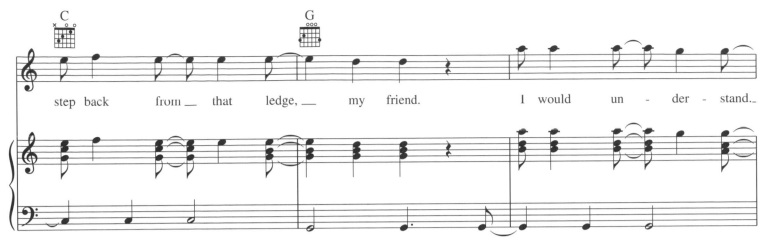

step back from __ that ledge, __ my friend. I would un - der - stand. __

__ I wish you would step back from __ that ledge, __ my friend.

I would un - der - stand. __ I wish you would step back from __ that ledge,__

__ my friend. And I would un - der - stand. ____

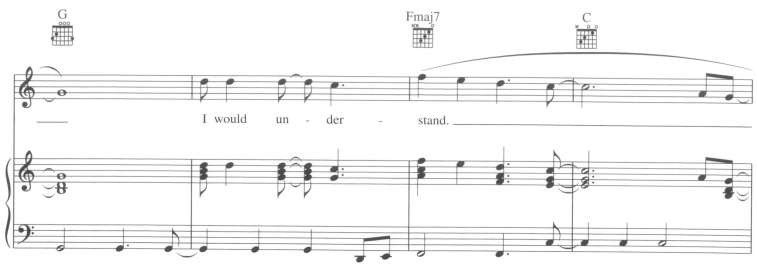

I would un - der - stand. _____

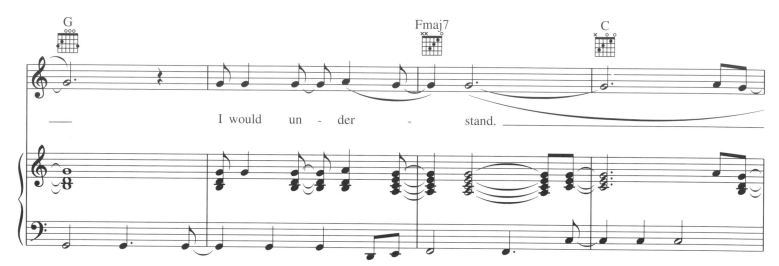

I would un - der - stand. _____

Vocal 1st time only

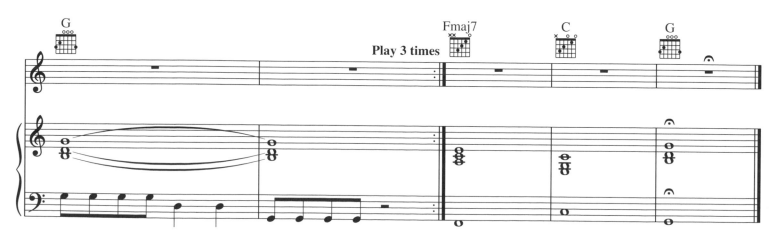

Play 3 times

LANDSLIDE

Words and Music by
STEVIE NICKS

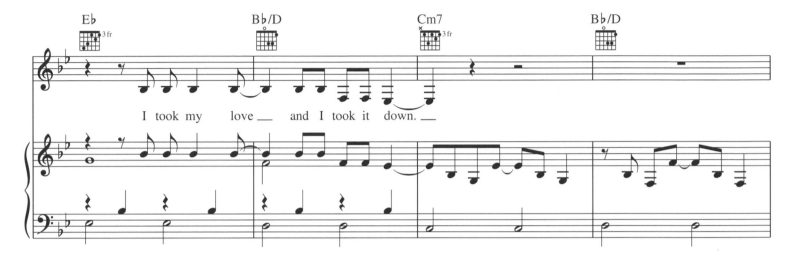

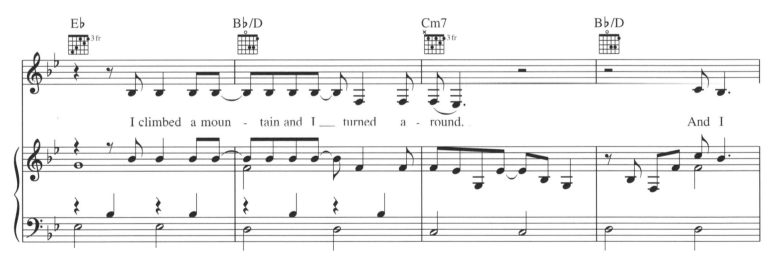

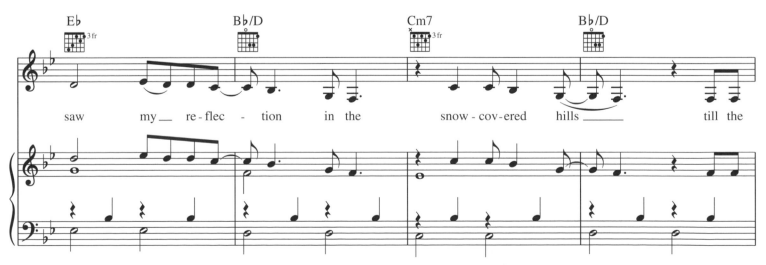

land - slide brought me down. ____ Oh,

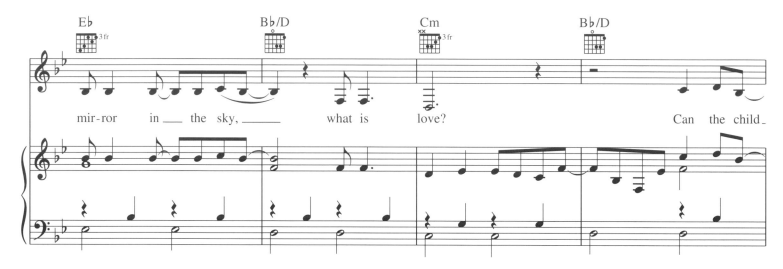

mir-ror in ___ the sky, _____ what is love? Can the child _

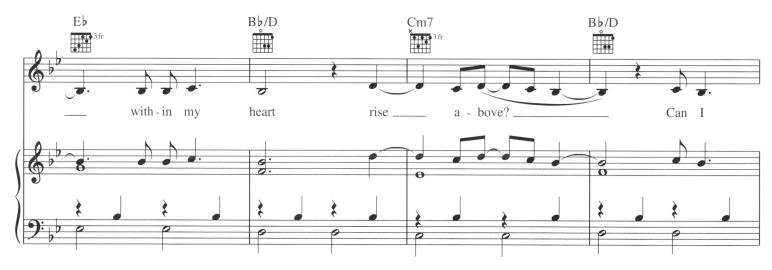

____ with-in my heart rise _____ a - bove? _____ Can I

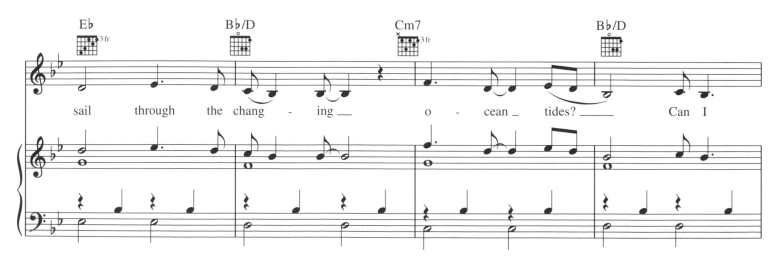

sail through the chang - ing ___ o - cean _ tides? _____ Can I

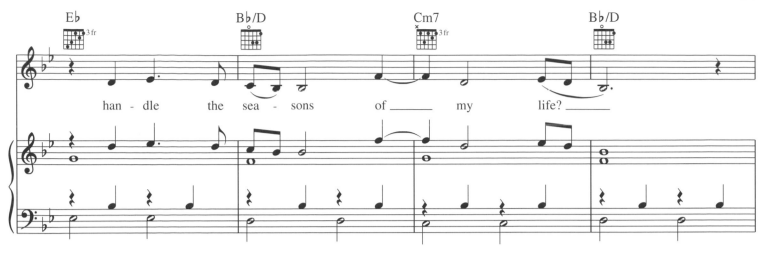

han - dle the sea - sons of _____ my _____ life? _____

Mm mm, I don't know. Mm mm, __

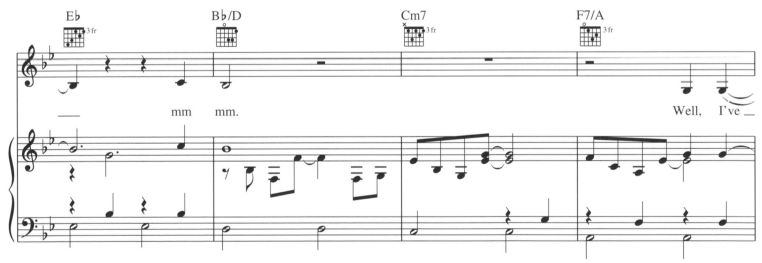

__ mm mm. Well, I've __

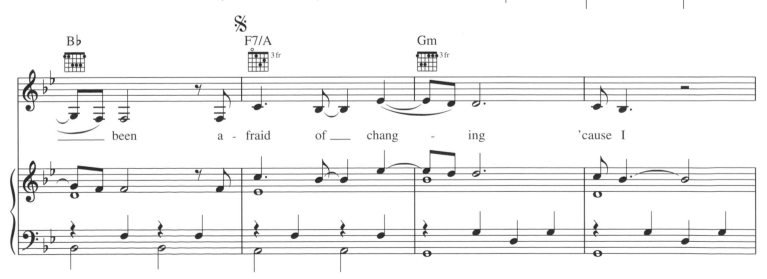

_____ been a - fraid of __ chang - ing 'cause I

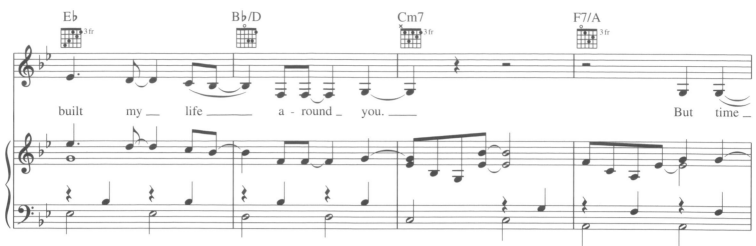

built my __ life _____ a - round __ you. ____ But time __

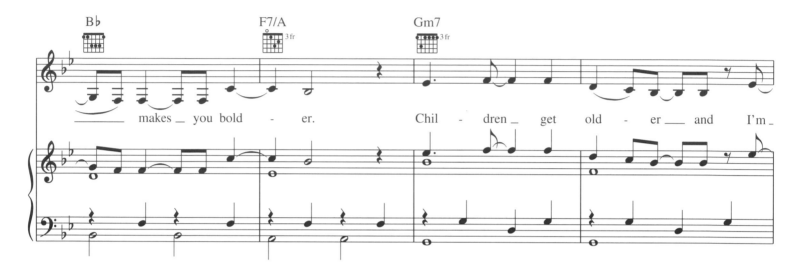

_____ makes __ you bold - er. Chil - dren __ get old - er ____ and I'm __

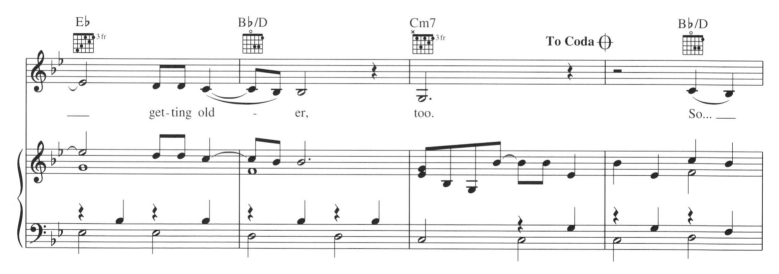

___ get-ting old - er, too. So... ___

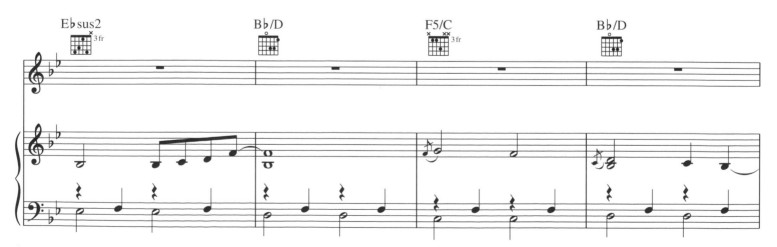

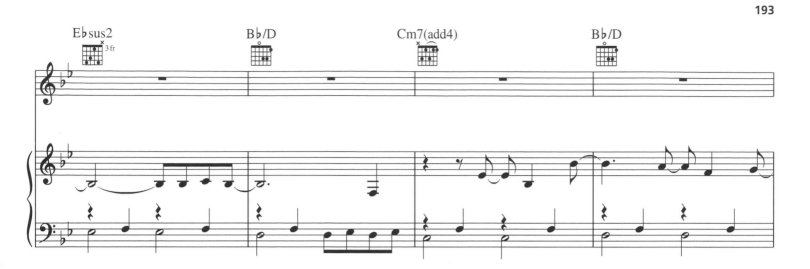

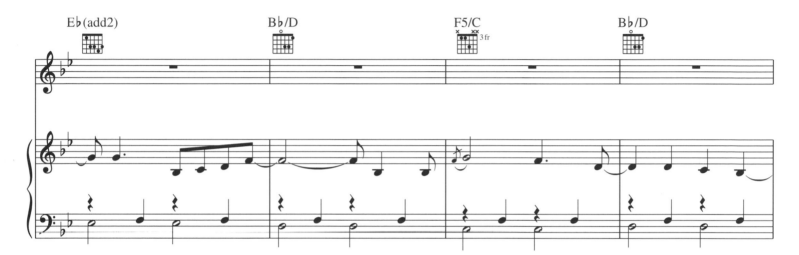

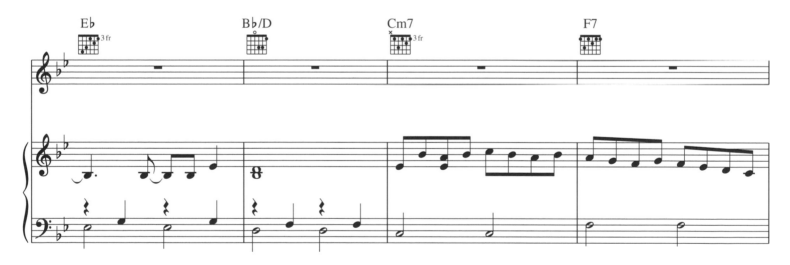

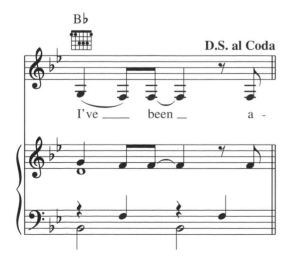

I've ___ been ___ a -

D.S. al Coda

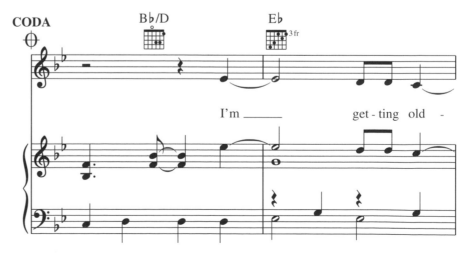

CODA

I'm ___ get - ting old -

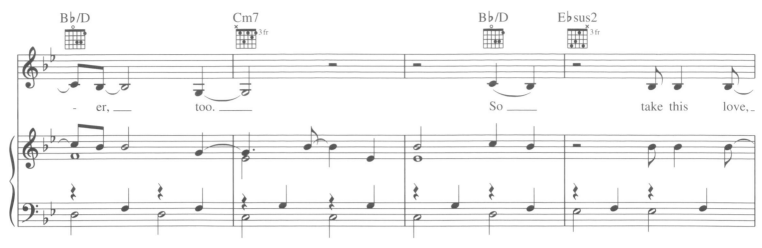

-er, ___ too. ___ So ___ take this love, ___

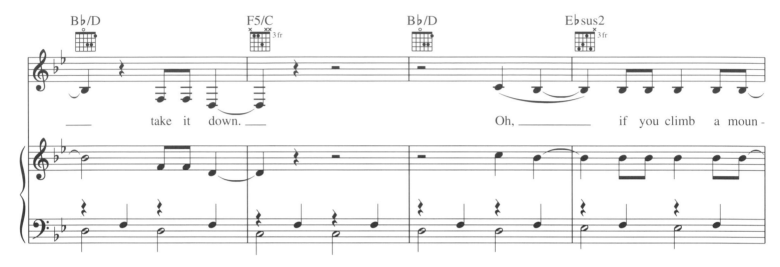

___ take it down. ___ Oh, _____ if you climb a moun-

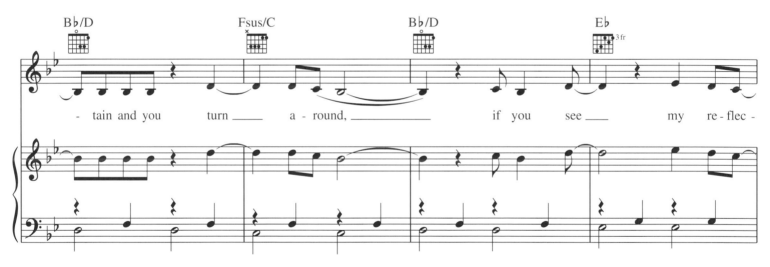

-tain and you turn ___ a-round, _____ if you see ___ my re-flec-

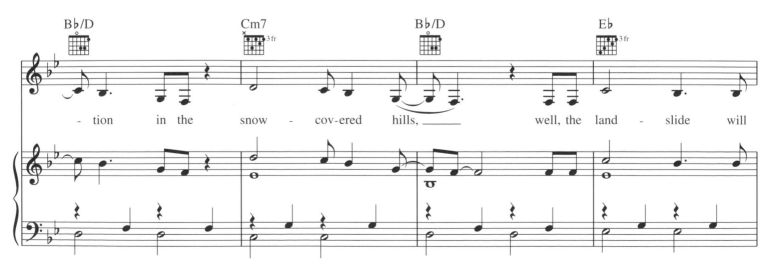

-tion in the snow-cov-ered hills, _____ well, the land-slide will

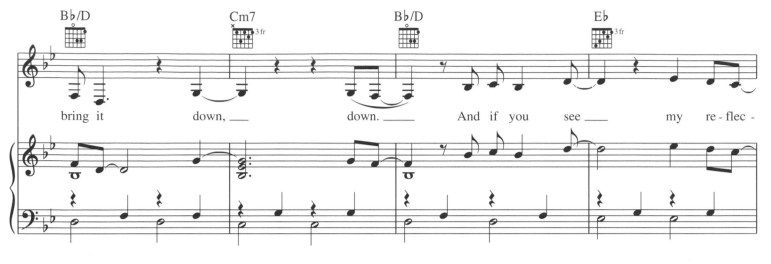

bring it down, ___ down. ___ And if you see ___ my re-flec-

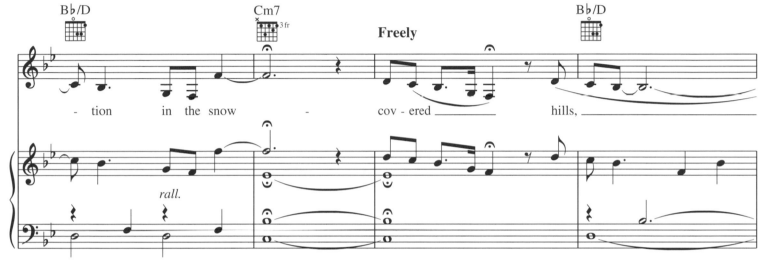

Freely

-tion in the snow - cov - ered ___ hills, ___

Tempo 1

___ well, may-be ___ the land - slide 'll bring it down. ___ Well, ___

___ well, ___ the land - slide 'll bring it down. ___

LEAVING ON A JET PLANE

Words and Music by
JOHN DENVER

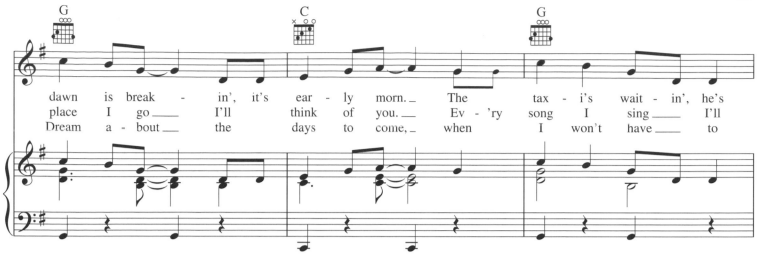

dawn is break - in', it's ear - ly morn. The tax - i's wait - in', he's
place I go ___ I'll think of you. ___ Ev - 'ry song I sing ___ I'll
Dream a - bout ___ the days to come, ___ when I won't have ___ to

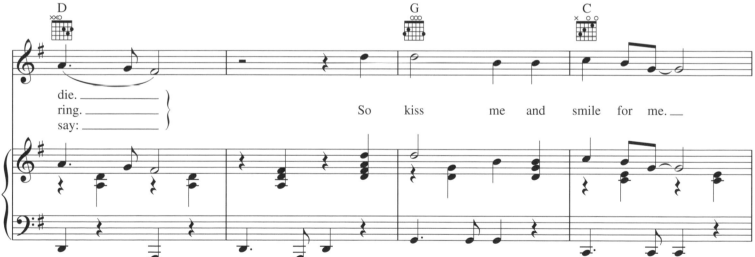

blow - in' his horn. ___ Al - read - y I'm so lone - some I ___ could ___
sing ___ for you. ___ When I come back I'll { bring / wear } your wed - ding ___
leave ___ a - lone. ___ A - bout the times I won't have ___ to ___

die. ___)
ring. ___ }
say: ___)   So kiss me and smile for me. ___

Tell me that ___ you'll wait for me. ___   Hold me like ___ you'll nev - er let me go. ___

'Cause I'm leav - in' on a jet __ plane;

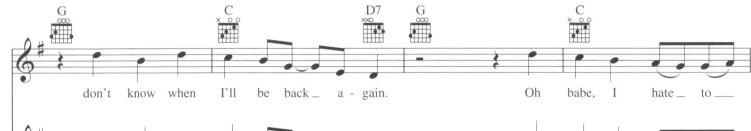

don't know when I'll be back __ a - gain. Oh babe, I hate __ to __

go. __ {There's so go. __ 'Cause I'm

Repeat and Fade

leav - in'} on a jet __ plane; don't know when I'll be back __ a - gain.
Leav - in'}

LOSER

Words by BECK HANSEN
Music by BECK HANSEN and KARL STEPHENSON

Moderately (not too fast)

(Rap:) See additional lyrics

(Sung:) Soy un per - di - dor. _____ I'm a

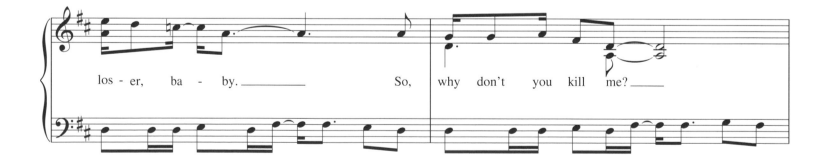

los - er, ba - by. _____ So, why don't you kill me? _____ I'm a

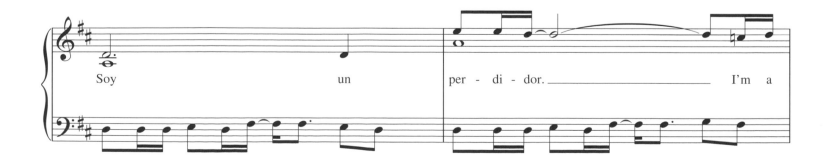

Soy un per - di - dor. _____ I'm a

To Coda ⊕

los - er, ba - by, _____ So, why don't you kill me? _____

(Rap:) See additional lyrics

N.C.

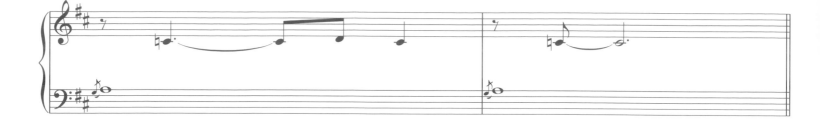

D.S. al Coda

CODA

why don't you kill me? *(Spoken:)* *Drive by body pierce.*

(Spoken:) Soy un per - di - dor. _____ I'm a

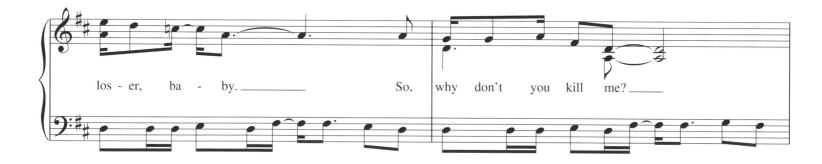

los - er, ba - by. _____ So, why don't you kill me? _____

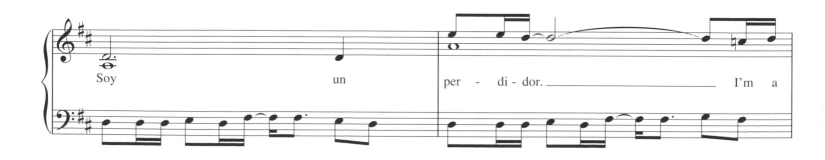

Soy un per - di - dor. _____ I'm a

los - er, ba - by._____ So, why don't you kill me?_____

Rap Lyrics

In the time of chimpanzees, I was a monkey
Butane in my veins and a mouth to cut the junkies with the plastic eyeballs.
Spray paint the vegetables. Dog food skulls with the beefcake pantyhose.
Kill the headlights and put it in neutral.
Got a couple of couches Stockcar flaming with the loser and the cruise control.
Baby's in Reno with the vitamin D. Got a couple of couches
Asleep on the love seat.
Someone keeps saying I'm insane to complain about a shotgun wedding
And a stain on my shirt.
Don't believe everything that you breathe.
You get a parking violation and a maggot on your sleeve.
So shave your face with some mace in the dark
Saving all your food stamps and burning down the trailer park.
Bent all the music with the phony gas chamber.
Yo, cut it.

To Chorus

Forces of evil and a bozo nightmare.
'Cause one's got a weasel and another's got a flag.
One's on the pole. Shove the other in a bag with the rerun shows
And the cocaine nose job, the daytime crap of the folk singer slob.
He hung himself with guitar string.
A slab of turkey neck and it's hangin' from a pigeon wing.
So get right if you can't relate. Trade the cash for the beef
For the body for the hate.
And my time is a piece of wax falling on a termite
who's choking on the splinters.

LET HER CRY

Words and Music by DARIUS CARLOS RUCKER,
EVERETT DEAN FELBER, MARK WILLIAM BRYAN
and JAMES GEORGE SONEFELD

Moderately slow Rock

She sits a-lone by a lamp-post

try'n to find a thought that's es-caped her mind. She says, "Dad's the one I love

the most, but Stipe's not far be-hind."

pray to God ___ you got-ta help me fly ___ a - way. ___ And just
sat back down, ___ had a beer ___ and felt sor - ry for my - self. Say - in', } let her cry ___
"Oh, ma - ma, ___ please help me. ___ Won't you hold my hand?" ___ And

___ if the tears ___ fall down ___ like rain. ___ Let her sing ___

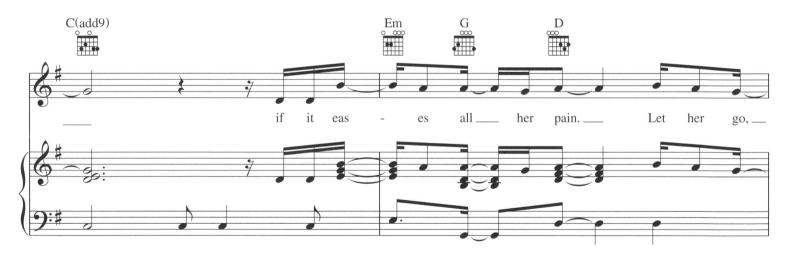

___ if it eas - es all ___ her pain. ___ Let her go, ___

___ let her walk ___ right out on ___ me. ___ And if the

sun comes up to-mor-row, let her be, _____ | let her be ___
oh, _____

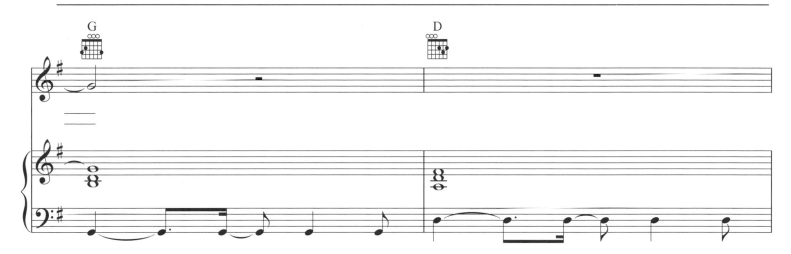

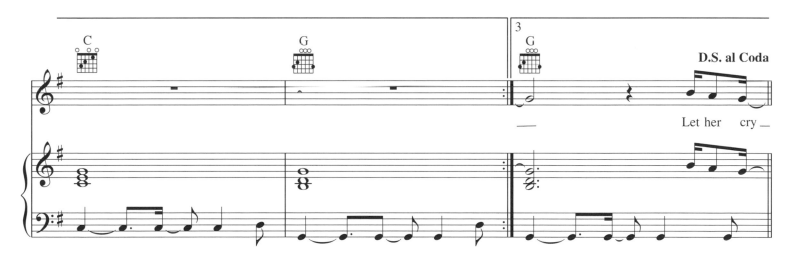

Let her cry ___

D.S. al Coda

CODA

___ oh, _____ let her be. _____

(Can't Live Without Your)
LOVE AND AFFECTION

Words and Music by MARC TANNER,
MATT NELSON and GUNNAR NELSON

Moderately bright beat

Here _____ she comes,
goes.
wait,

mm, _____
No,
mm, _____

_____ just like an an - gel. _____ Seems like for - ev - er that she's
she don't know what she's miss - ing. Can't _____ she see I'll nev - er
_____ here for an an - swer. Won - der if to - mor - row will be

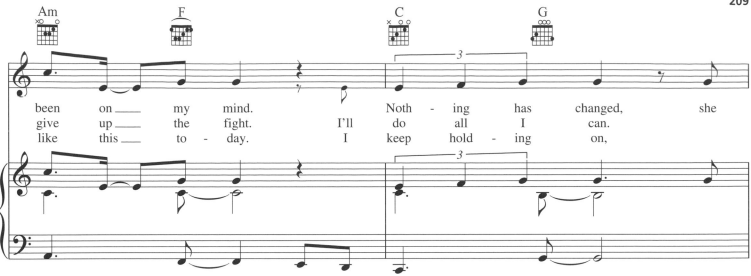

been on ___ my mind. Noth - ing has changed, she
give up ___ the fight. I'll do all I can.
like this ___ to - day. I keep hold - ing on,

thinks I'm a waste of her time. _____ There __ she
She un - der - stands my de -
can't go on liv - ing this

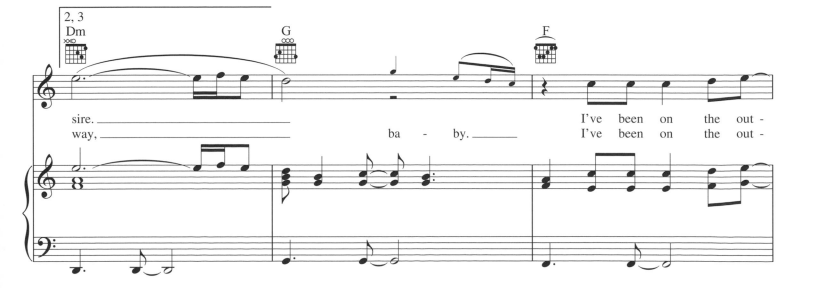

sire. _____ I've been on the out -
way, _____ ba - by. ___ I've been on the out -

-side look - ing in. Let me in - to your
-side look - ing in. Bring my tears to your an

heart, oh. _____ There's noth - ing on
end, oh. _____ I real - ize it's

earth that should keep us a - part. _____ Ba - by.
no use for me to pre - tend. _____ Oh, yeah.

I can't live with - out your _____ love and af - fec - tion. _____

I can't face an - oth - er night on my own. I'd

give up my pride to save me from be - ing a - lone, _____ 'cause I

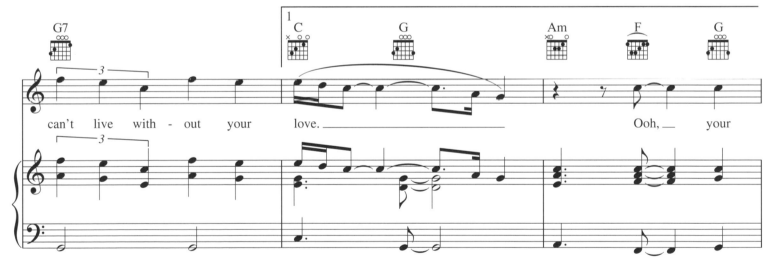

can't live with - out your love. _____ Ooh, ___ your

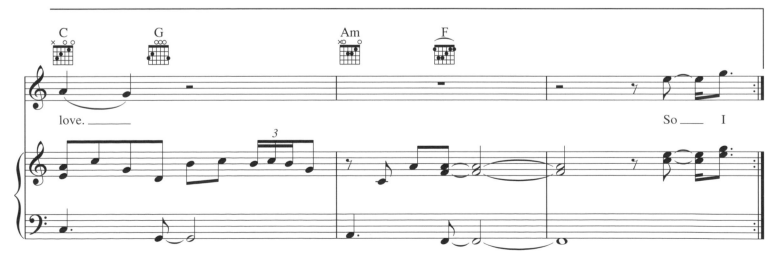

love. _____ So ___ I

love.

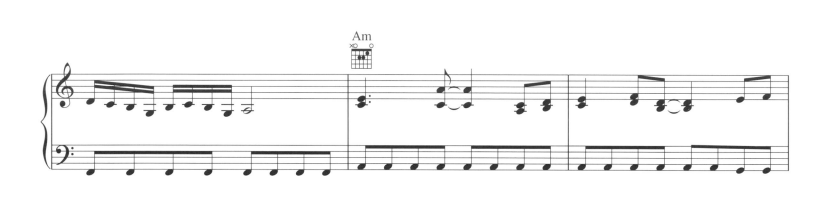

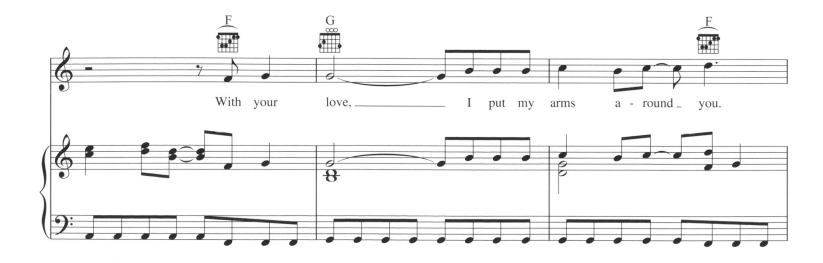

With your love, _____ I put my arms a - round _ you.

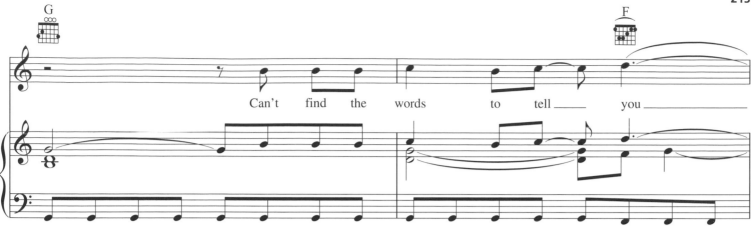

Can't find the words to tell_____ you_____

_____ that I can't live with - out your

love._____

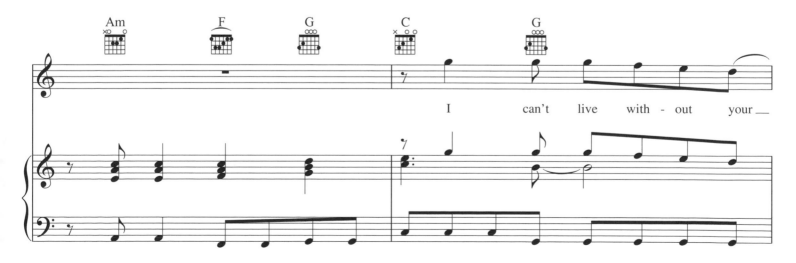

I can't live with - out your___

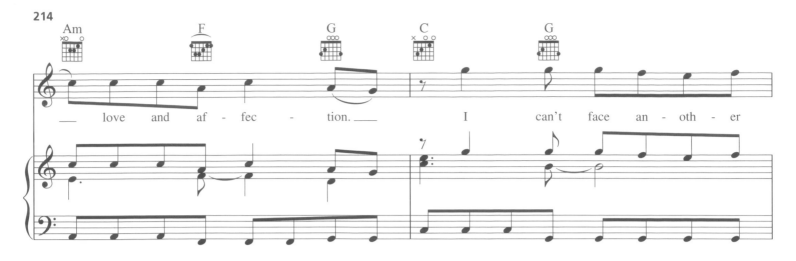

love and af - fec - tion. _____ I can't face an - oth - er

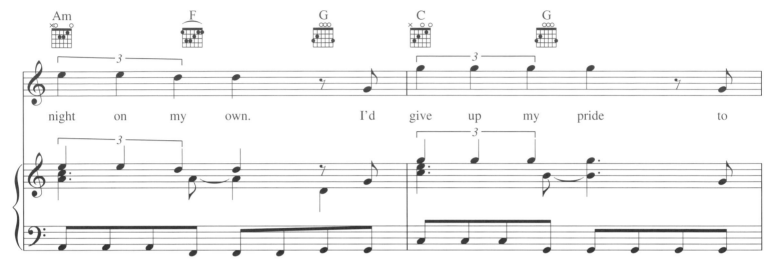

night on my own. I'd give up my pride to

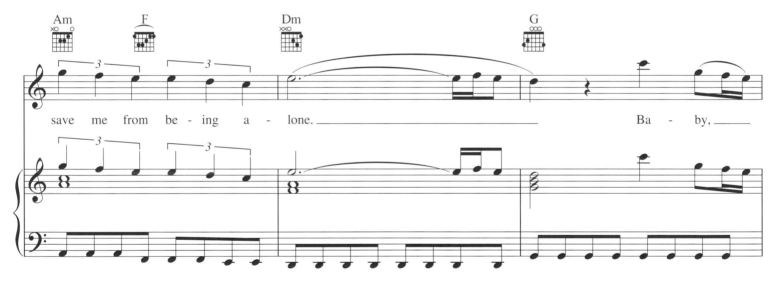

save me from be - ing a - lone. _____ Ba - by, _____

I can't live with - out your _____ love and af - fec - tion.

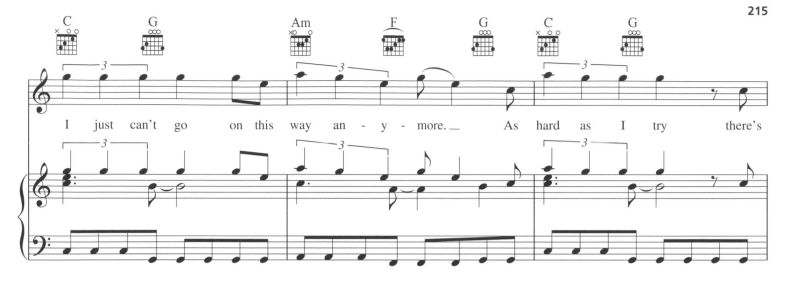

I just can't go on this way an-y-more. As hard as I try there's

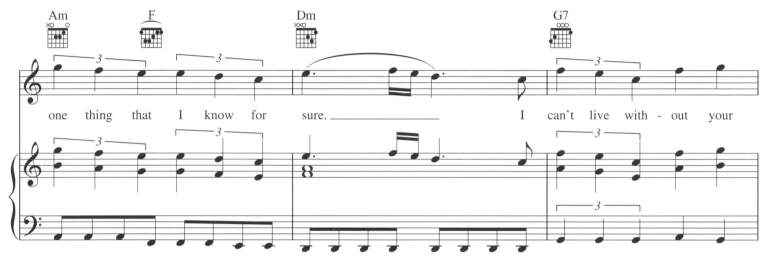

one thing that I know for sure. I can't live with-out your

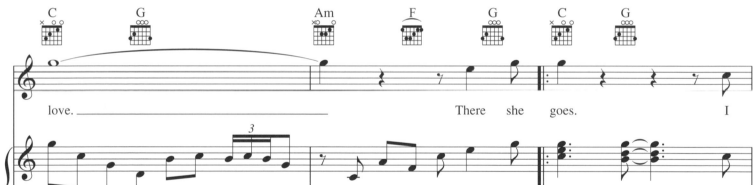

love. There she goes. I

Optional Ending

Repeat and Fade

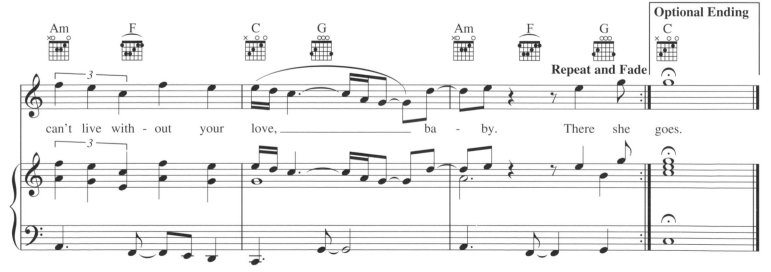

can't live with-out your love, ba - by. There she goes.

LOVE OF A LIFETIME

Words and Music by BILL LEVERTY
and CARL SNARE

Slow Rock Ballad

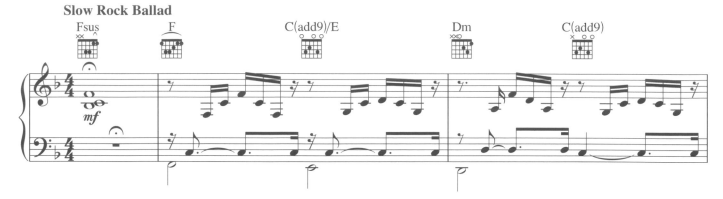

I guess the time ___ was right ___ for us ___ to say ___
make a wish ___ and send it on ___ a prayer. ___

we'd take our time ___ and live our lives ___ to-geth-
We know our dreams ___ can all come true ___ with

-er day _ by _ day. ___   We'll
love that we _ can ___   share.   With

you I nev - er won - der,   "Will you be ___ there for ___ me?" ___   With

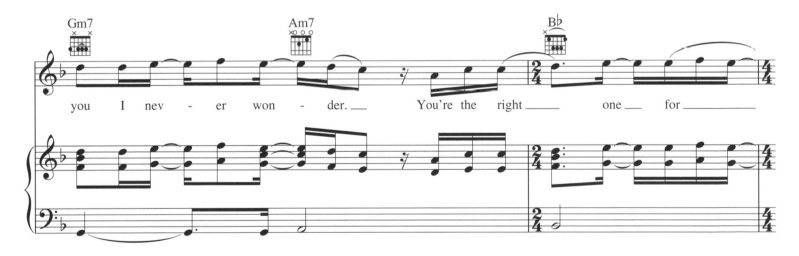

you I nev - er won - der. ___ You're the right ___ one ___ for ___

___ me. ___   I fi - n'lly found _ the love ___ of a life -

- time, a love to last my whole life through.

I fi-n'lly found the love of a life-

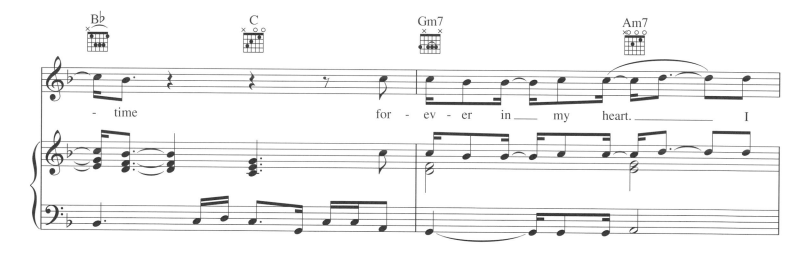

-time for-ev-er in my heart. I

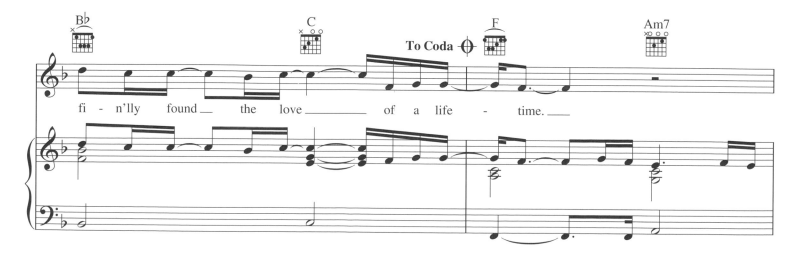

fi-n'lly found the love of a life-time.

With ev-'ry kiss, __ our love __ is like __ brand - new __

__ and ev-'ry star __ up in __ the sky __ was made __

__ for me __ and you. __ Still, we both __ know that __ the road __ is long, __ but we

know that we __ will __ be __ to - geth - er be - cause our love __ is _____ strong. __

D.S. al Coda

I

time.

Ooh _____ I

fi-n'lly found __ the love _____ of a life-time, _____ a love to last __ my whole __ life __ through. __

_____ I fi-n'lly found __ the love _____ of a life-time _____ for-

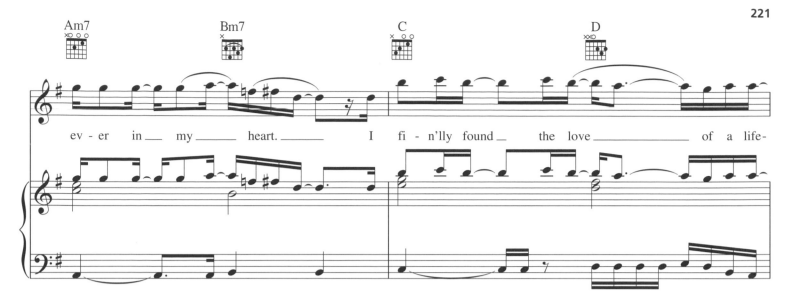

ev- er in my heart. I fi - n'lly found the love of a life-

- time, love of a life-

(Fi - n'lly found the love of a life - time.)

- time. I fi - n'lly found the love.

(Fi - n'lly found the love of a life - time.)

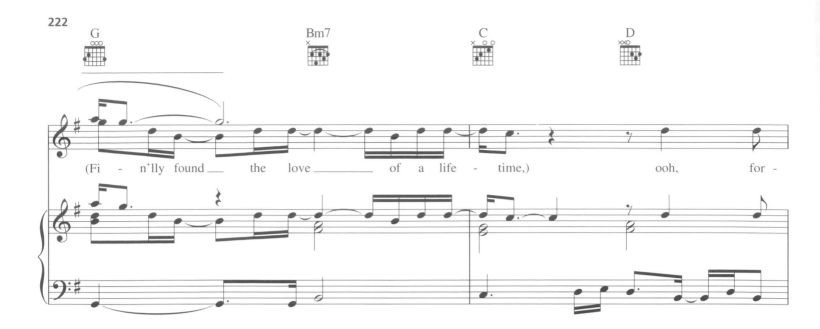

(Fi - n'lly found the love of a life - time,) ooh, for-

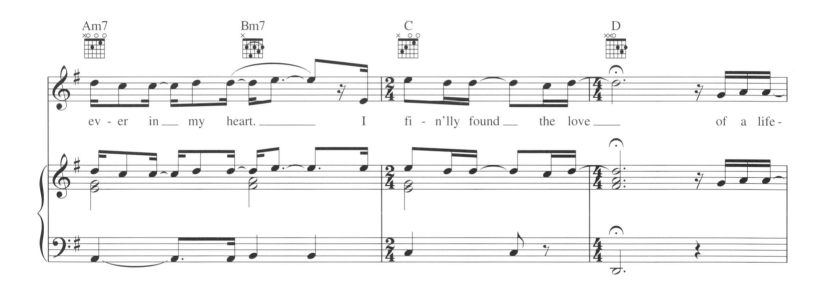

ev - er in my heart. I fi - n'lly found the love of a life-

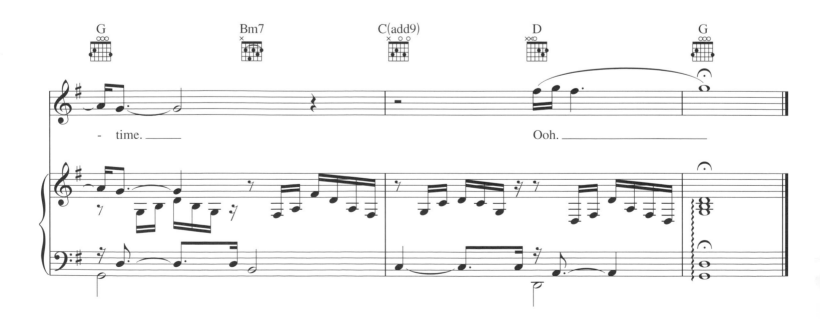

- time. Ooh.

NIGHT MOVES

Words and Music by
BOB SEGER

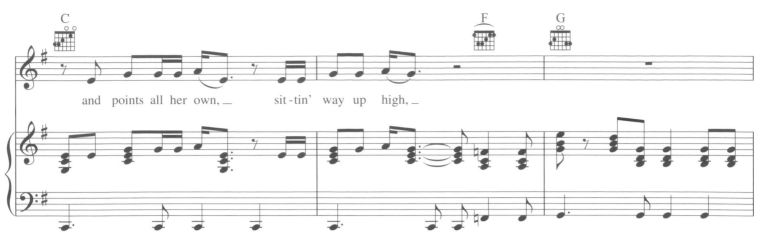

and points all her own, __ sit-tin' way up high, __

way up firm and high. _____

Out past the corn - fields, where the woods __ got heav - y,

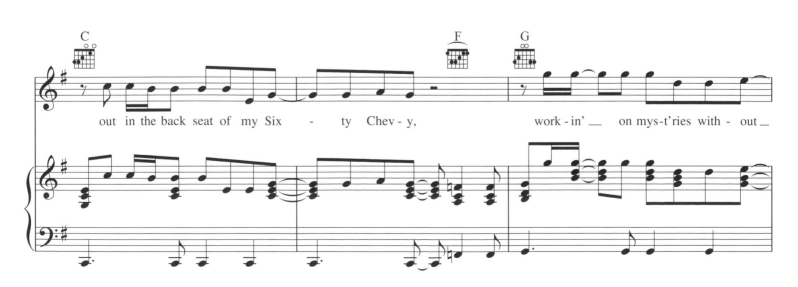

out in the back seat of my Six - ty Chev - y, work-in' __ on mys-t'ries with - out __

__ an-y clues, ___ work-in' on our

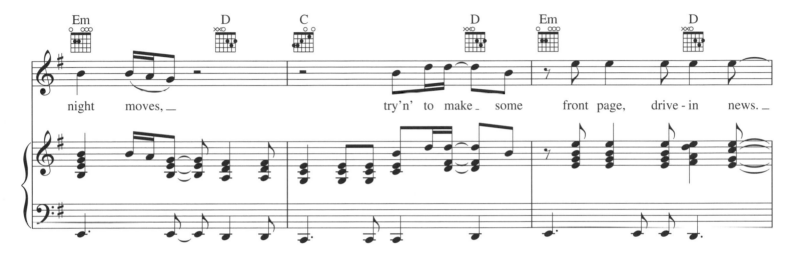

night moves, __ try'n' to make _ some front page, drive-in news. __

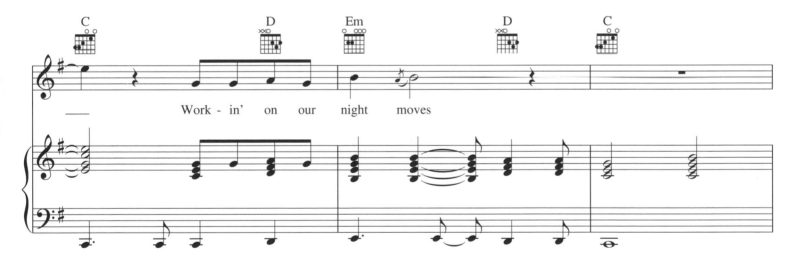

Work-in' on our night moves

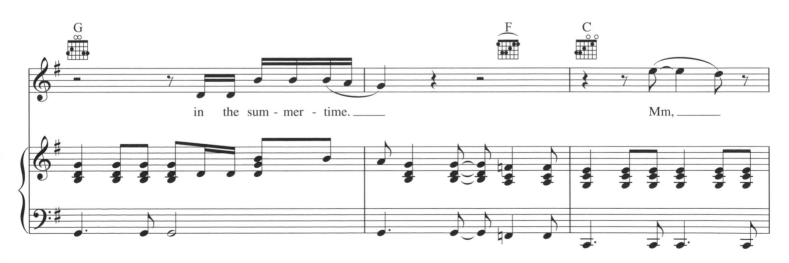

in the sum-mer-time. ____ Mm, _____

in the sweet ___ sum - mer - time. _____

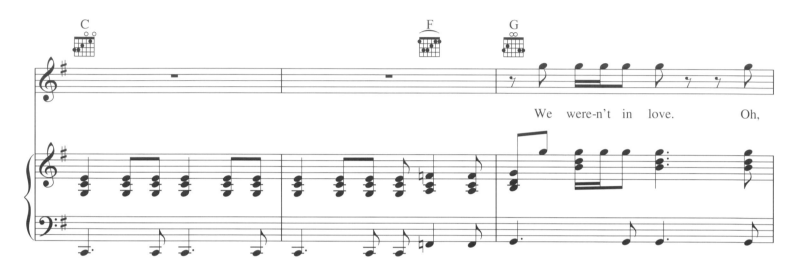

We were-n't in love. Oh,

no, far from it. We were-n't search - in for some pie - in - the - sky sum - mit.

We were just _ young and ___ rest - less and bored, ___ liv - ing by the sword. _____

And we'd steal a-way ev-'ry chance we could,

to the back room, to the al-ley, or the trust-y woods.

I used her, she used me, __ but nei-ther one cared. __

We were get-tin' our share, __ work-in' on our

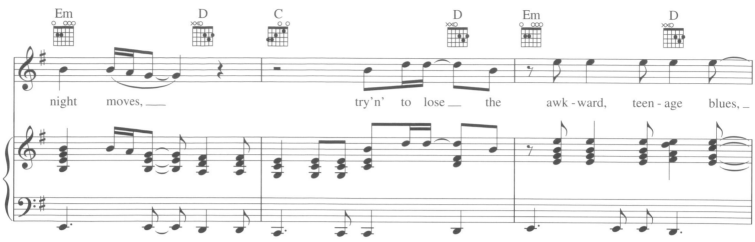

night moves, ___ try'n' to lose ___ the awk-ward, teen-age blues, ___

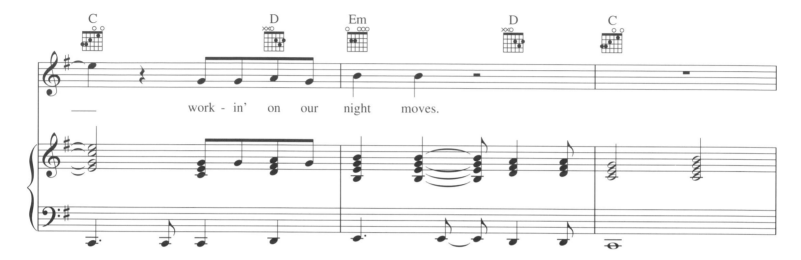

___ work-in' on our night moves.

It was sum-mer-time. _____ Mm, _____

sweet ___ sum-mer-time, sum-mer-time.

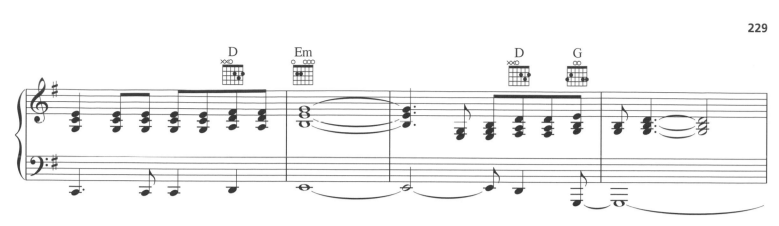

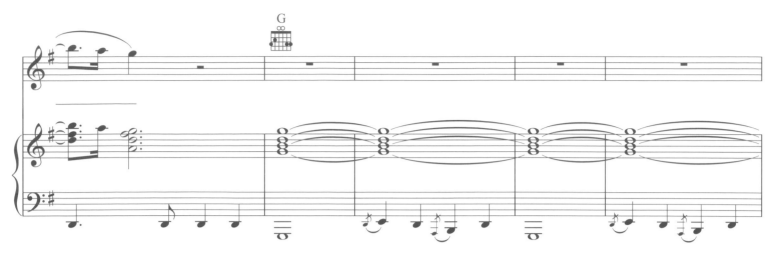

Freely

I a-woke last night to the sound of thun-der. How far off, I

sat and won-dered. Start-ed hum-ming a song ___ from nine-teen six-ty-two. ___

Ain't it fun-ny how the night moves? ___ When you just don't seem to have as much to lose. ___

Strange how the night moves, ___ with au-tumn clos-ing in. ___

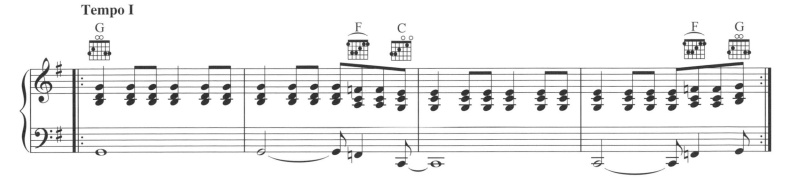

Tempo I

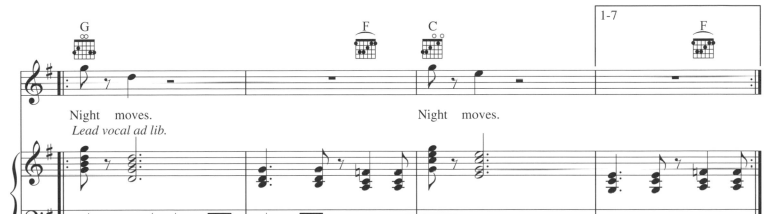

Night moves.
Lead vocal ad lib.

1-7

Night moves.

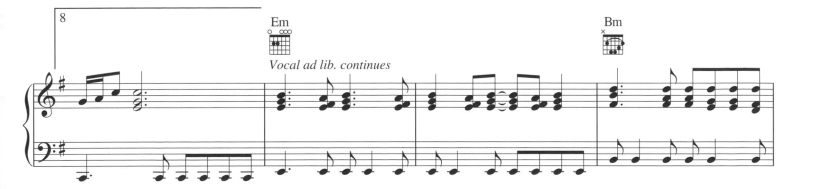

8

Vocal ad lib. continues

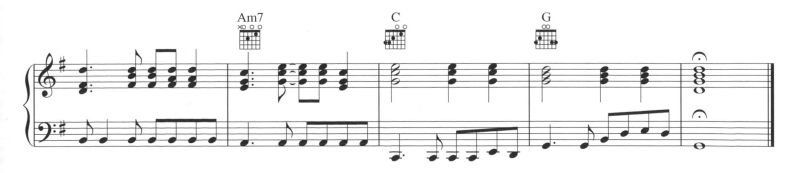

MAGGIE MAY

Words and Music by ROD STEWART
and MARTIN QUITTENTON

1. Wake up, Mag-gie, I think I got some-thing to

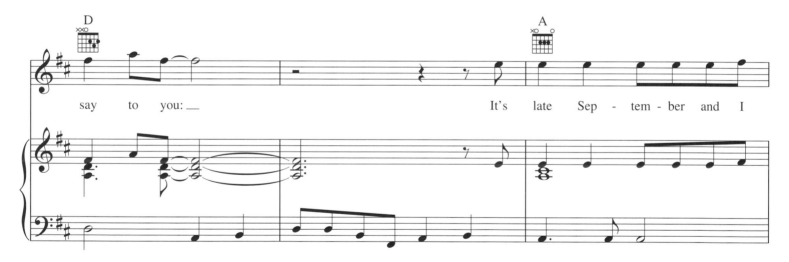

say to you: __ It's late Sep-tem-ber and I

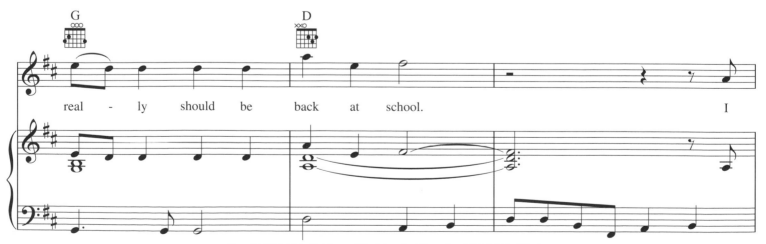

real-ly should be back at school. I

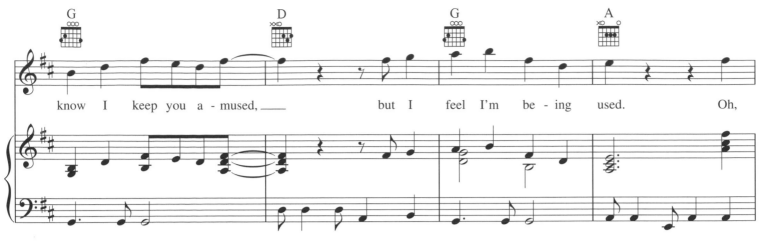

know I keep you a - mused, ___ but I feel I'm be - ing used. Oh,

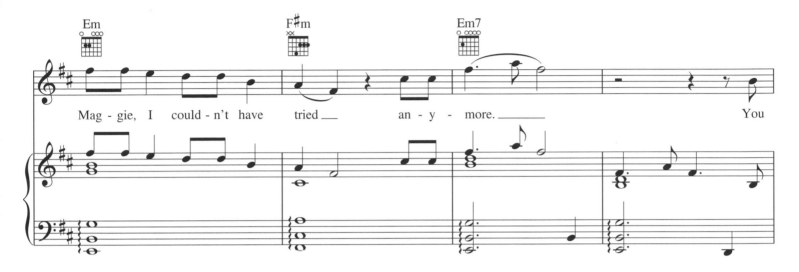

Mag - gie, I could - n't have tried ___ an - y - more. ___ You

lured me a - way from home, just to save you from be - ing a - lone. You

2., 3. *(See additional lyrics)*

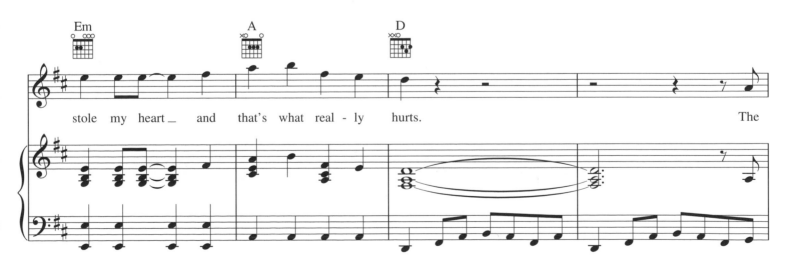

stole my heart _ and that's what real - ly hurts. The

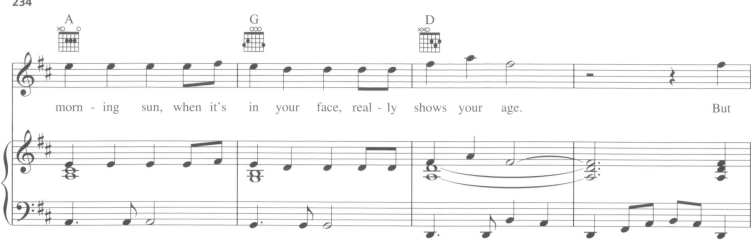

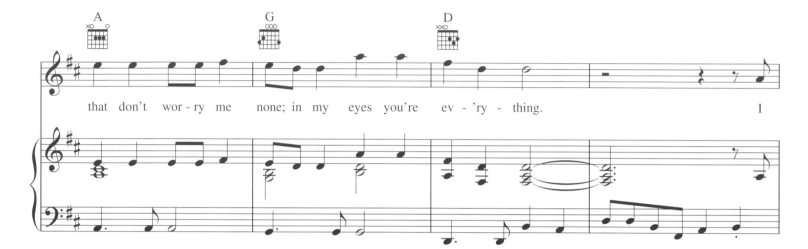

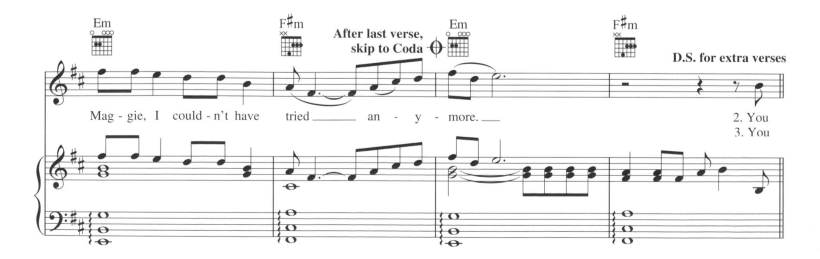

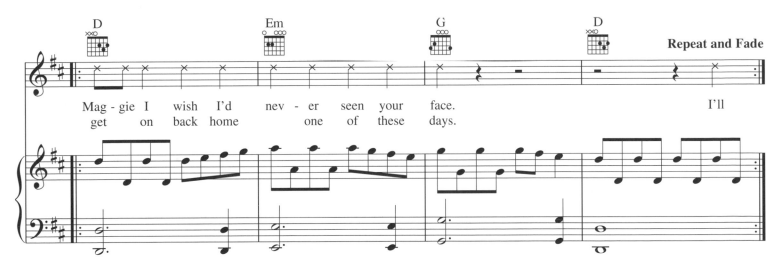

Additional Lyrics

2. You lured me away from home, just to save you from being alone.
You stole my soul, that's a pain I can do without.
All I needed was a friend to lend a guiding hand.
But you turned into a lover, and, Mother, what a lover! You wore me out.
All you did was wreck my bed and in the morning kick me in the head.
Oh, Maggie, I couldn't have tried any more.

3. You lured me away from home 'cause you didn't want to be alone.
You stole my heart, I couldn't leave you if I tried.
I suppose I could collect my books and get back to school,
Or steal my Daddy's cue and make a living out of playing pool,
Or find myself a rock and roll band that needs a helpin' hand.
Oh, Maggie, I wish I'd never seen your face. *(To Coda)*

ME AND BOBBY McGEE

Words and Music by KRIS KRISTOFFERSON
and FRED FOSTER

Easily

Bust-ed flat __ in Bat-on Rouge, wait-in' __ for a train, __ when I's

feel-in' near __ as fad-ed as my __ jeans. Bob-by thumbed __ a die-sel down __

just be-fore __ it rained. __ It rode us all __ the way in to New Or - leans. I

*Vocal written one octave higher than sung.

pulled my har-poon ___ out of my dirt-y red ___ ban-dan - a. I was

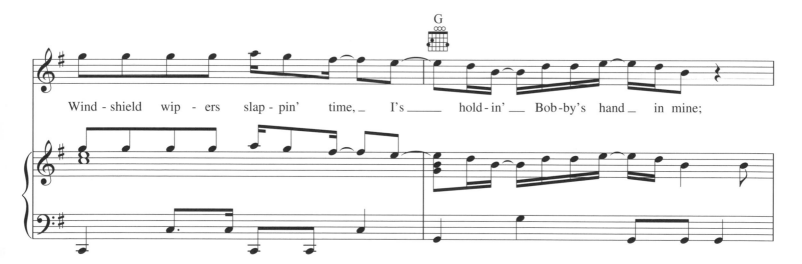

play - in' soft while Bob - by sang the blues, ___ yeah. ___

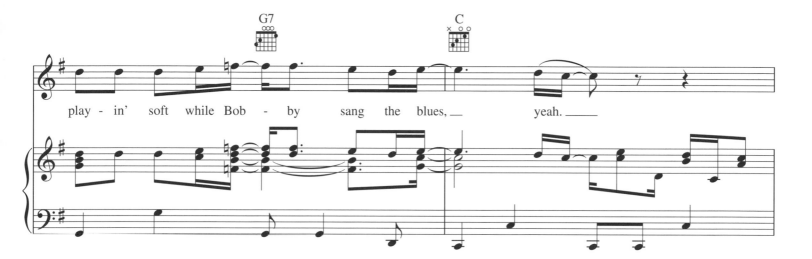

Wind-shield wip-ers slap-pin' time, ___ I's ___ hold-in' ___ Bob-by's hand ___ in mine;

we sang ev-'ry song ___ that driv-er knew, ___ yeah. Free-dom's just an-oth - er word for ___

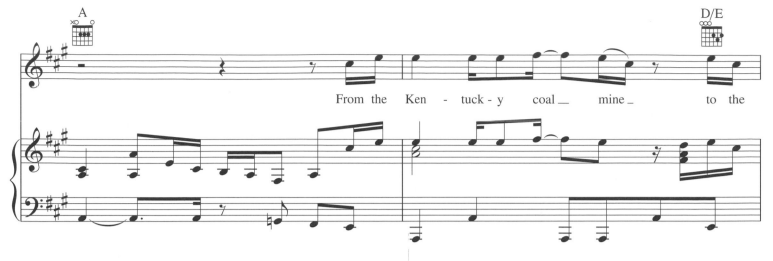

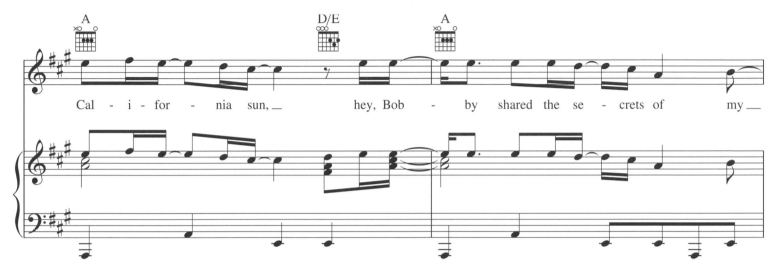

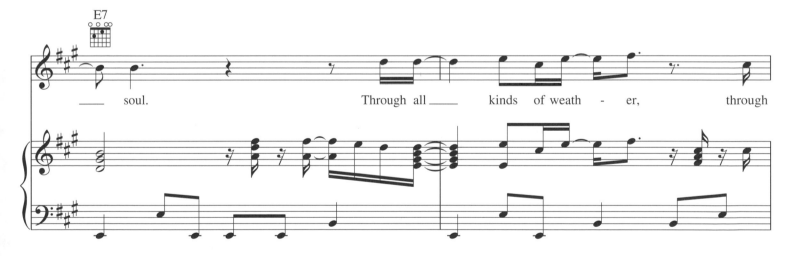

One day a-near Sa-lin-as, Lord, _____

I let him _____ slip a-way. _____ He's look-in' for that home _____ and I hope he

finds _____ it. _____ But I'd trade all of my to-mor-rows _____ for one

sin-gle _____ yes-ter-day _____ to be hold-in' Bob-by's bod-y next to mine. _____

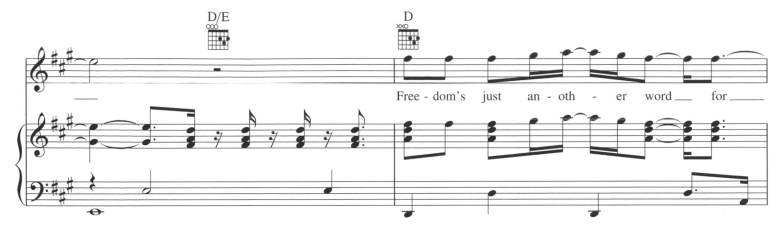

Free - dom's just an - oth - er word ___ for ___

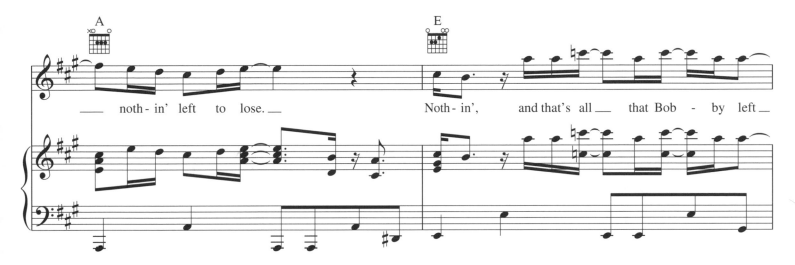

___ noth - in' left to lose. ___ Noth - in', and that's all ___ that Bob - by left ___

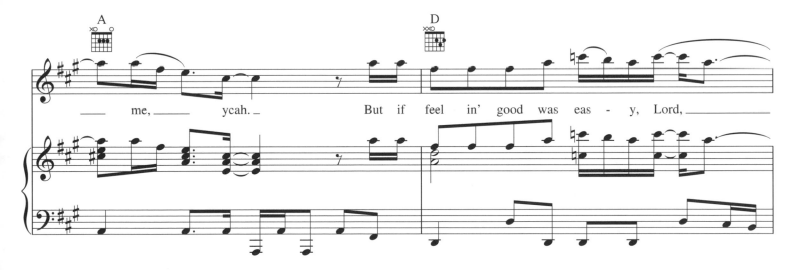

___ me, ___ yeah. ___ But if feel in' good was eas - y, Lord, ___

___ when he ___ sang the blues, ___ hey, feel - in' good was good e - nough ___ for me, ___

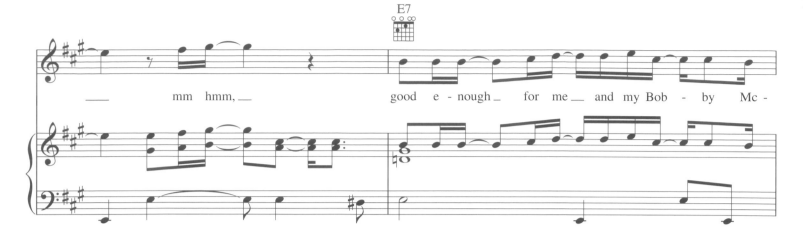

mm hmm, _____ good e - nough ___ for me ___ and my Bob - by Mc -

Gee. _____ La da da da, la da da da, la da da da da da da, ___

la da da da la ___ da la da Bob- by _____ Mc- Gee, _ yeah. _ La da la la la ___ la,

la da da da da, ___ la ___ la la la ___ la Bob - by Mc -

Gee. _____ La da da la da da la _ da da la _ da da, _____

_____ la da lo la _ da da la _ da la, hey now, Bob - by, lo now, Bob-by Mc - Gee, _

_____ yeah. _ Lo na lo _ na na lo - na, na, _____ lo na na na _

_____ na na na _ na na na _ na na na _ na na, _____ hey now, Bob - by, lo now, Bob-by Mc - Gee, _

Lord.

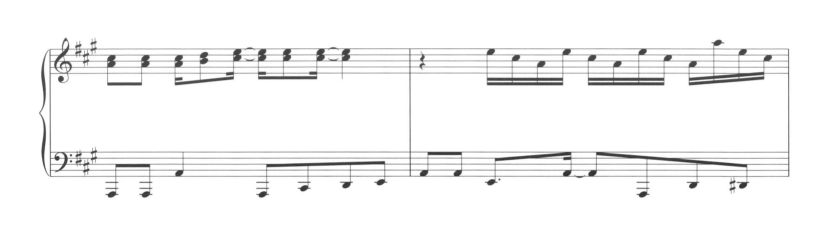

La la la___ la la___ la la___ la la___ la la___

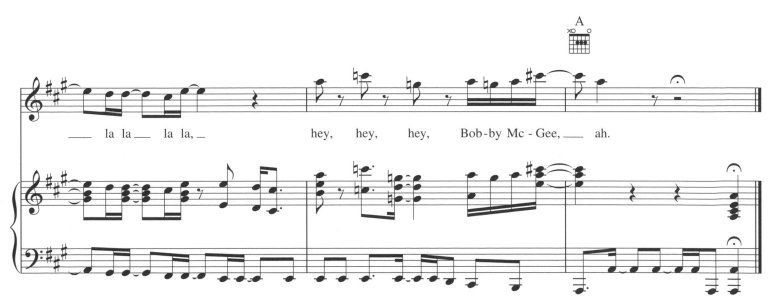

___ la la___ la la,___ hey, hey, hey, Bob-by Mc - Gee,___ ah.

MORE THAN WORDS

Words and Music by NUNO BETTENCOURT
and GARY CHERONE

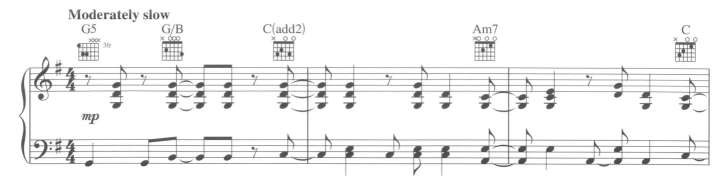

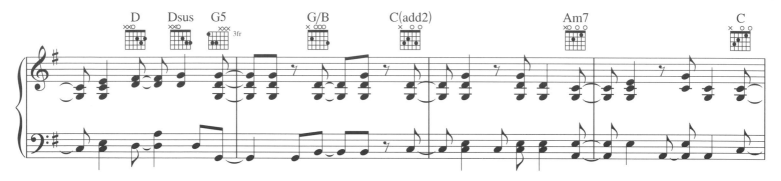

Say - in' "I ___ love _____ you" is
Now that I've ___ tried _____ to

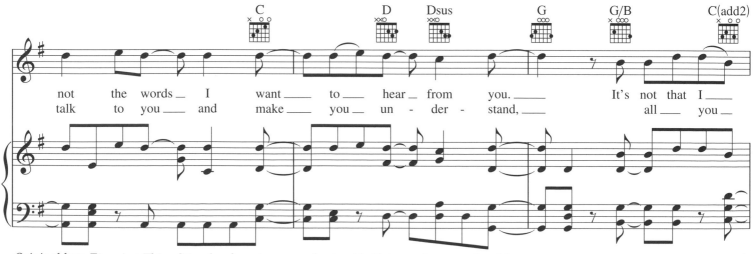

not the words ___ I ___ want ____ to ___ hear from ___ you. _____ It's not that I ___
talk to you ___ and make ____ you un - der - stand, ____ all ___ you ___

Original key: F♯ major. This edition has been transposed up one half-step to be more playable.

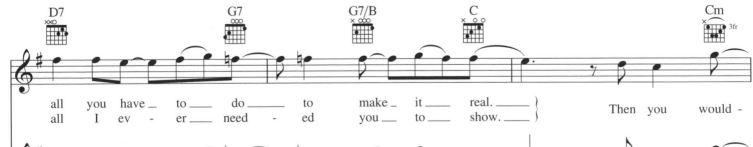

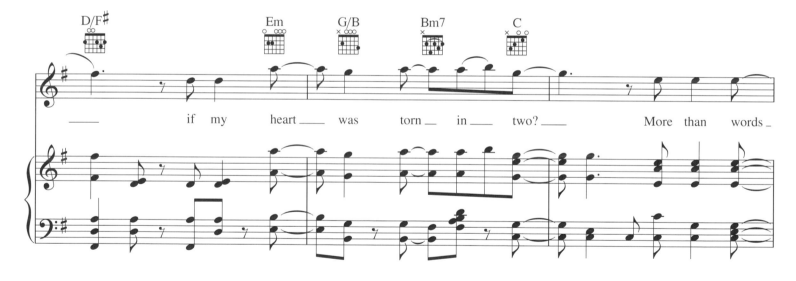

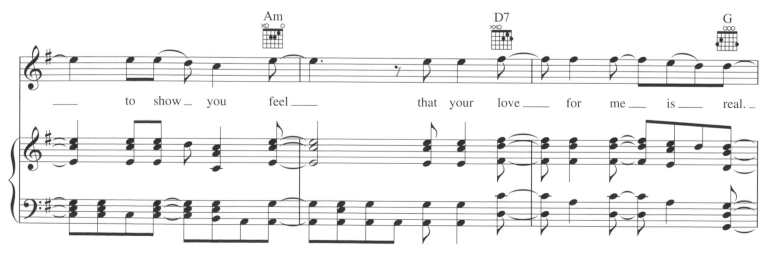

What would you say ___ if I took ___

___ those words ___ a - way? ___ Then you could - n't make ___ things new ___

To Coda ⊕

___ just by say - in' "I ___ love ___ you." ___

La di da ___ da di da ___ di dai ___ dai ___ da. ___ More ___ than ___ words. ___

NORWEGIAN WOOD
(This Bird Has Flown)

Words and Music by JOHN LENNON
and PAUL McCARTNEY

Moderately

I once had a girl, or should I say she once had me.

Instrumental

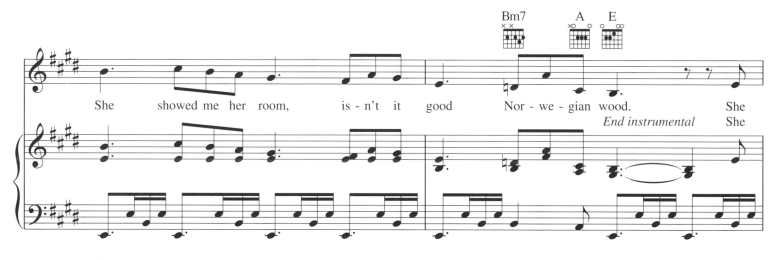

She showed me her room, is-n't it good Nor-we-gian wood. She

End instrumental

asked me to stay and she told me to sit an-y-where, so
told me she worked in the morn-ing and start-ed to laugh, I

PATIENCE

Words and Music by W. AXL ROSE,
SLASH, IZZY STRADLIN', DUFF McKAGAN
and STEVEN ADLER

Moderately slow Rock Ballad

(Whistling)

Original key: F♯ major. This edition has been transposed up one half-step to be more playable.

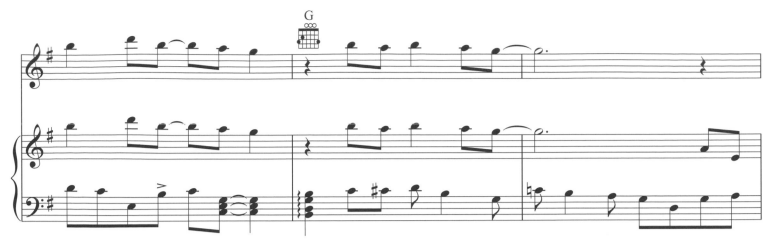

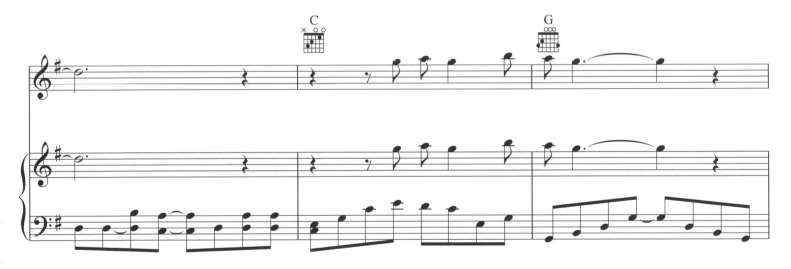

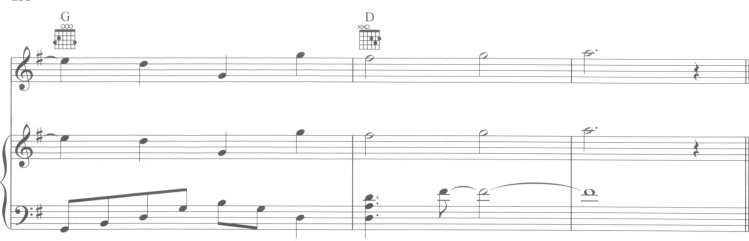

1. Shed a tear 'cause I'm miss-in' ___ you. ___ I'm still al-right _ to smile. _
2. (See additional lyrics)

Girl, I think a-bout ___ you ev-'ry day _

___ now. Was a time when I

was-n't ___ sure, _ but you set my mind _ at ease. ___

There is no doubt ___ you're in ___ my heart ___ now.

Said, "Wom-an, ___ take it slow. _ It-'ll

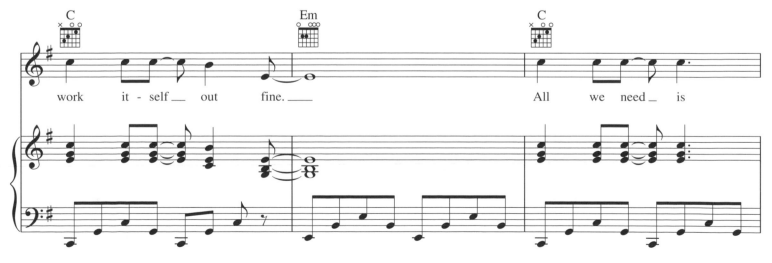

work it-self ___ out fine. ___ All we need _ is

just a lit - tle pa - tience."

Said, "Sug - ar, ___ make it slow ___ and we come to - geth - er fine. ___

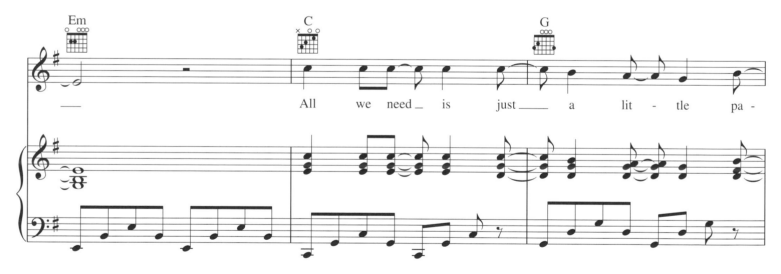

___ All we need ___ is just ___ a lit - tle pa -

- tience."

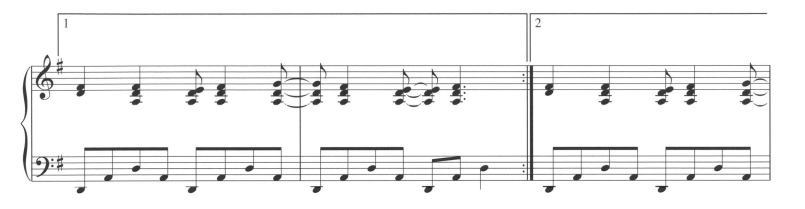

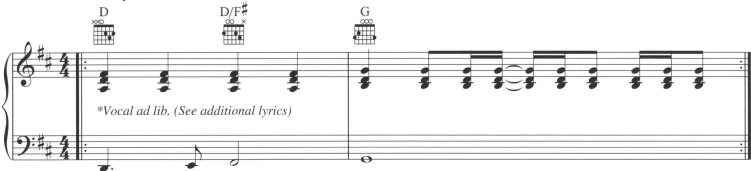

Vocal ad lib. (See additional lyrics)

*Enter 3rd time

Additional Lyrics

2. I sit here on the stairs 'cause I'd rather be alone.
If I can't have you right now I'll wait, dear.
Sometimes I get so tense but I can't speed up the time.
But you know, love, there's one more thing to consider.

Said, "Woman, take it slow, and things will be just fine.
You and I'll just use a little patience."
Said, "Sugar, take the time 'cause the lights are shining bright.
You and I've got what it takes to make it.
We won't fake it, ah, I'll never break it 'cause I can't take it."

Instrumental solo

(Vocal ad lib.)
Little patience, mm, yeah, mm, yeah.
Need a little patience, yeah.
Just a little patience, yeah.
Some more patience.
I been walkin' the streets at night
Just tryin' to get it right.
Hard to see with so many around.
You know I don't like being stuck in the ground,
And the streets don't change, but baby the name.
I ain't got time for the game 'cause I need you.
Yeah, yeah, but I need you, oo, I need you.
Whoa, I need you, oo, this time.

PINBALL WIZARD

Words and Music by
PETE TOWNSHEND

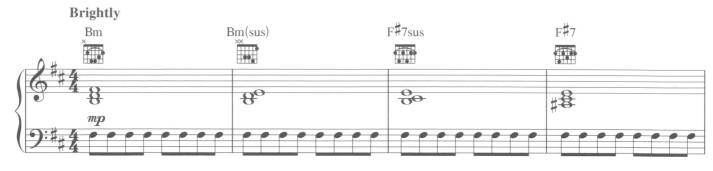

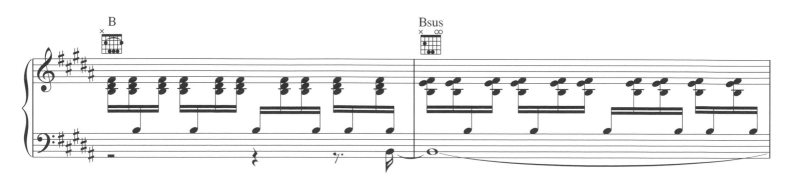

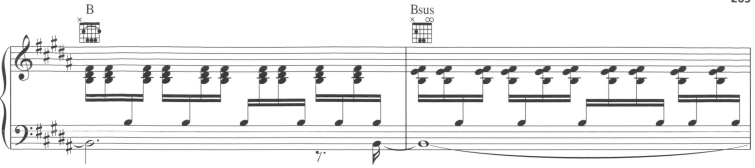

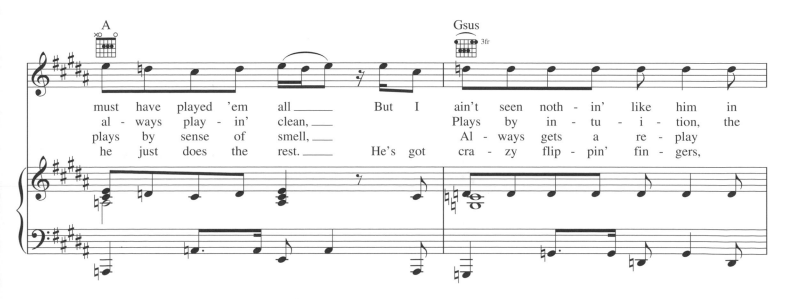

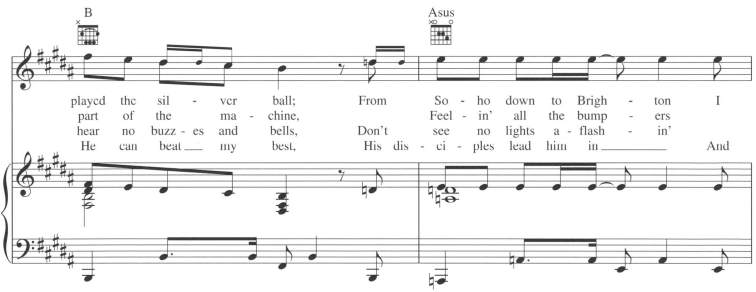

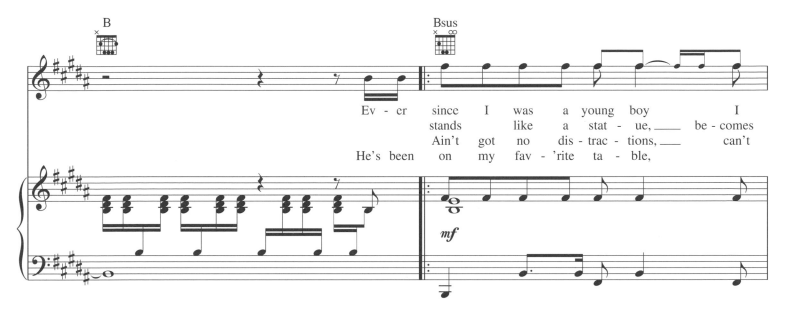

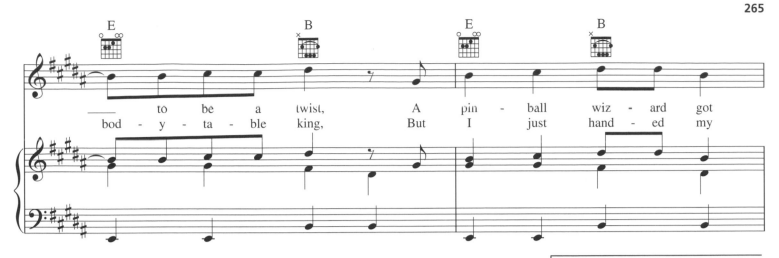

to be a twist, A pin-ball wiz-ard got
bod-y-ta-ble king, But I just hand-ed my

1, 2

such a sup-ple wrist. _____
pin-ball crown to him. _____

(I don't _ know.) _

How do you think _ he does _ it? _   What makes him _ so _

3

D.S. al Coda

good? _____   He

CODA

B

ball.

PINK HOUSES

Words and Music by
JOHN MELLENCAMP

Moderate Rock

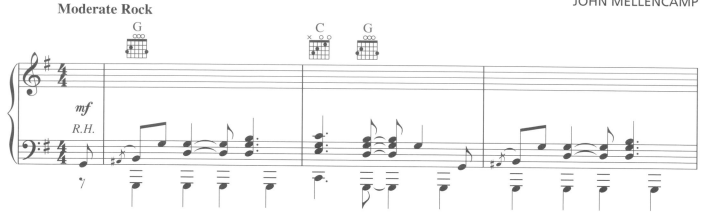

There's a   black   man   with a   black   cat
young   man   in   a   T - shirt
peo - ple   and   more   peo - ple.

liv - in' in a   black   neigh - bor - hood. _____   He's got an
lis - t'nin' to a   rock - in' roll - in'   sta - tion. _____   He's got
What   do   they   know? _____

in - ter - state ___ run - nin' through ___ his front yard. ___ You know, he
greas - y hair ___ and a greas - y smile ___ that says, "Lord,
Go to work ___ in some high - rise and va - ca - tion down at

thinks he's got it so good. _____ And there's a
this must be my des - ti - na - tion." 'Cause they
the Gulf of Mex - i - co. ___ And there's

wom - an in the kitch - en clean - in' up the eve - nin' slop. ___
told me when I was young - er, "Boy, you gon - na be Pres - i -
win - ners and there's los - ers, but they ain't no big deal. ___

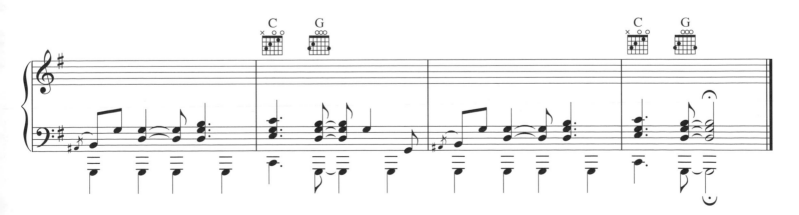

RUN AROUND

Words and Music by
JOHN POPPER

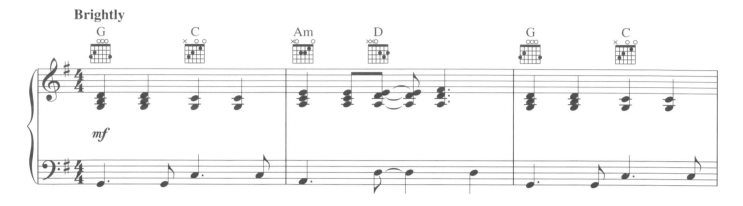

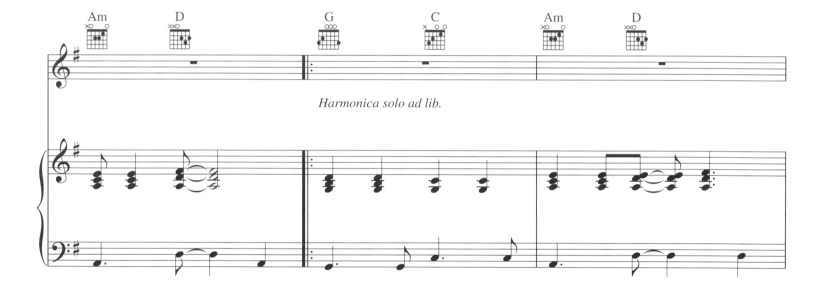

Harmonica solo ad lib.

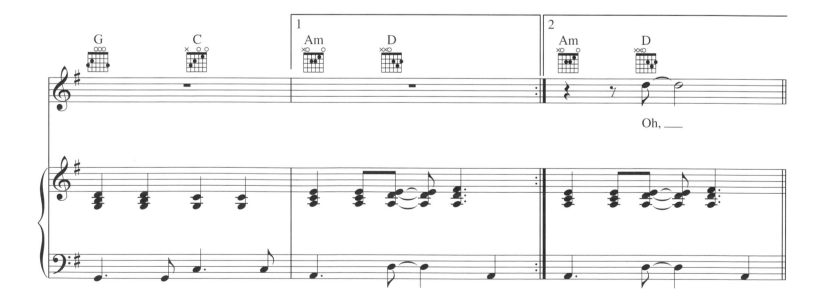

Oh, ___

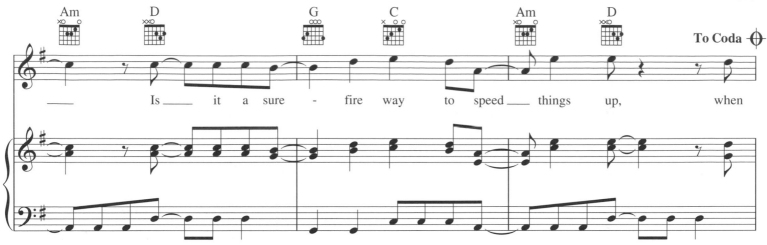

Is ___ it a sure - fire way to speed ___ things up, when

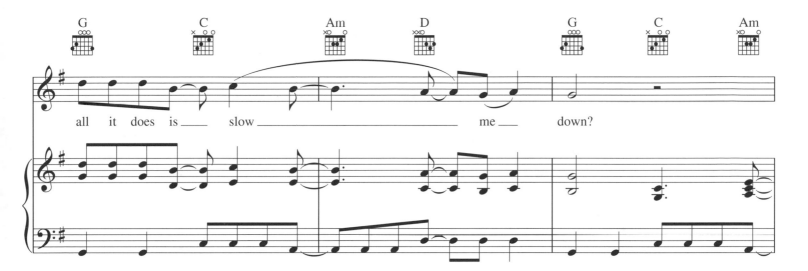

all it does is ___ slow _____ me ___ down?

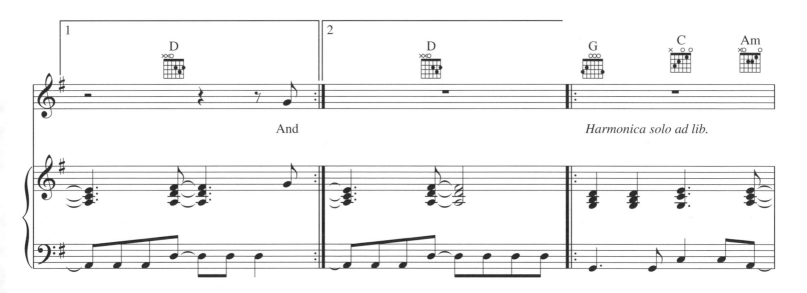

And

Harmonica solo ad lib.

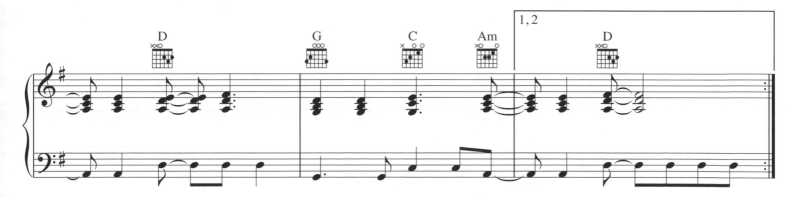

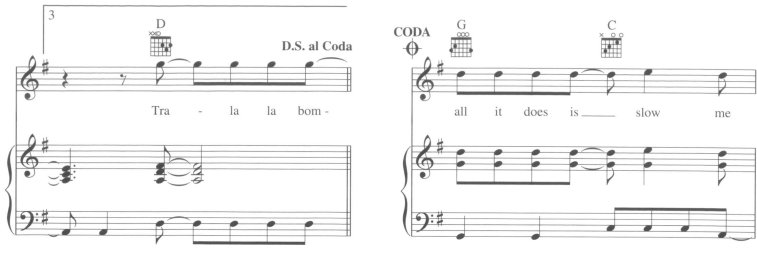

Tra - la la bom -

D.S. al Coda

CODA

all it does is _____ slow me

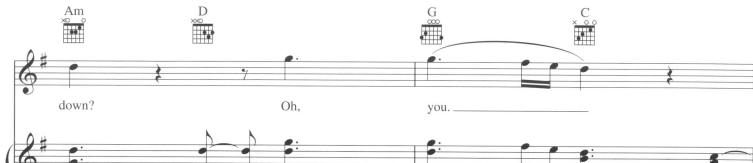

down? Oh, you. _____

Why ___ you wan - na give me a run ___ a - round? _

Is ___ it a sure - fire way to speed ___

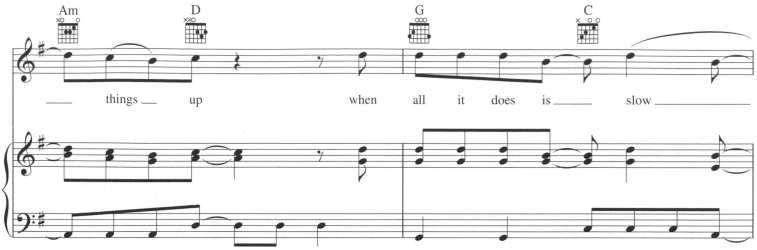

things ___ up   when all it does is ___ slow ___

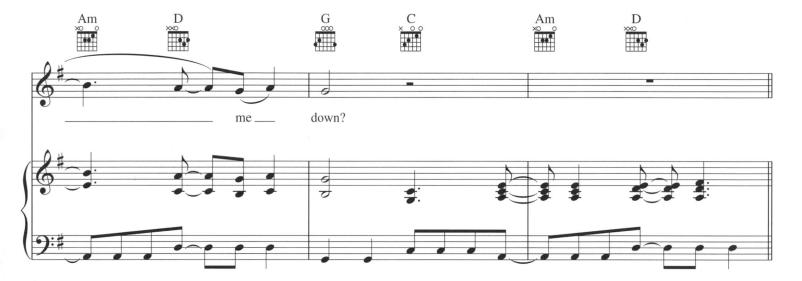

me ___ down?

Harmonica solo ad lib.

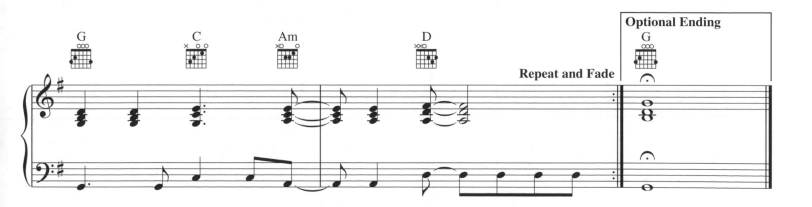

Optional Ending

Repeat and Fade

SHOW ME THE WAY

Words and Music by
PETER FRAMPTON

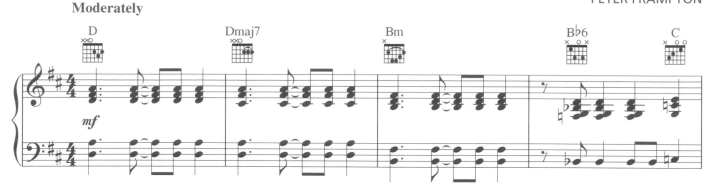

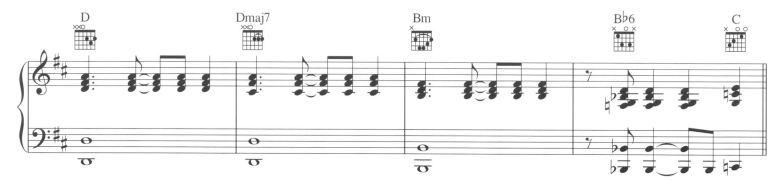

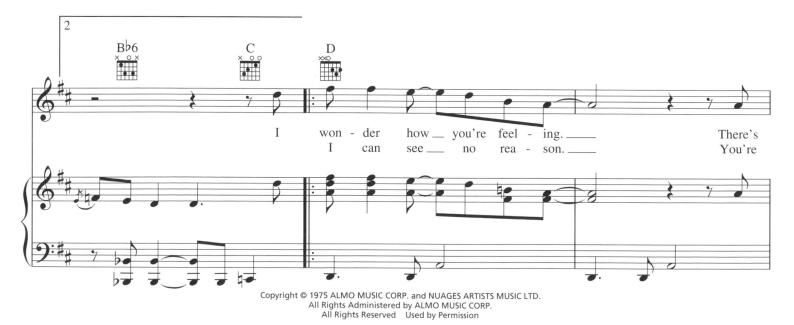

I wonder how you're feel-ing. There's
I can see no rea-son. You're

ring - ing in ___ my ears, ___ and no one to re - late ___
liv - ing on ___ your nerves, ___ when some - one drops a cup, ___

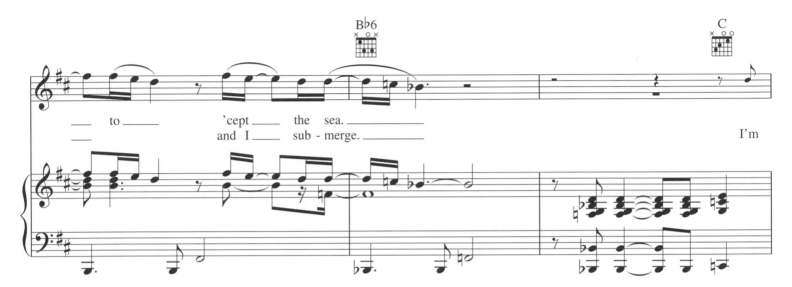

___ to ___ 'cept ___ the sea. ___
and I ___ sub - merge. ___ I'm

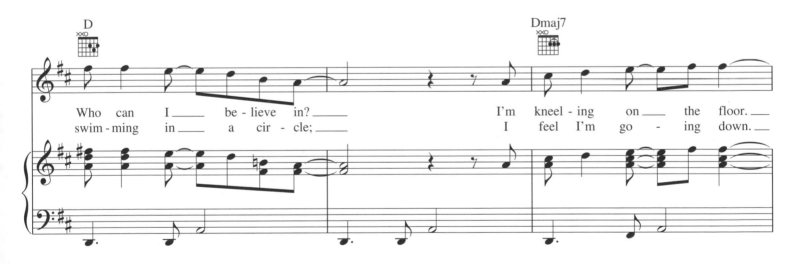

Who can I ___ be - lieve in? ___ I'm kneel - ing on ___ the floor. ___
swim - ming in ___ a cir - cle; ___ I feel I'm go - ing down. ___

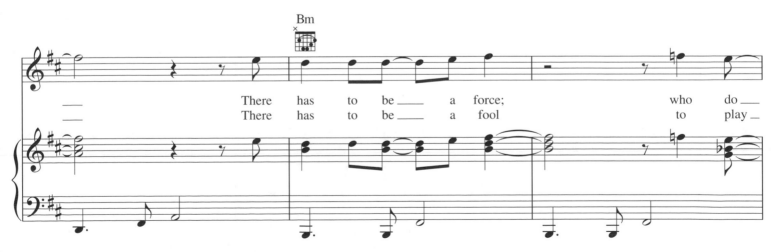

There has to be ___ a force; who do ___
There has to be ___ a fool to play ___

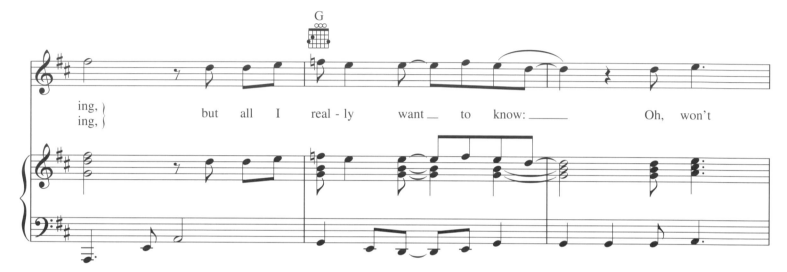

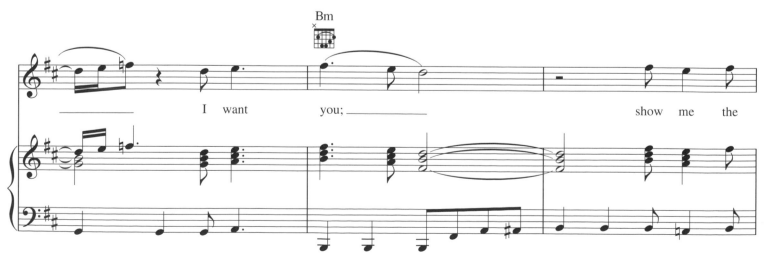

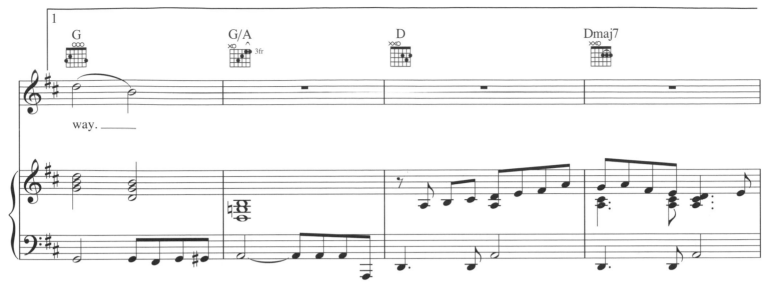

way. _____

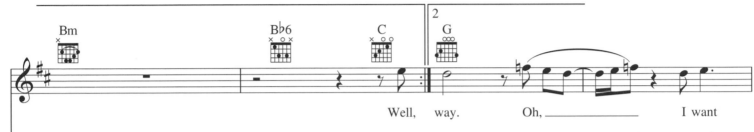

Well, way. Oh, _____ I want

you _____ day af-ter day, _____ yeah. _____

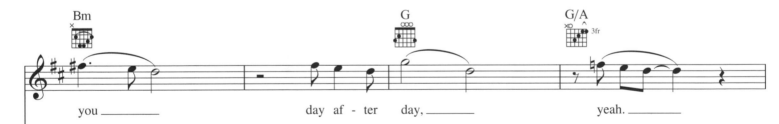

I won - der if ___ I'm dream - ing. ___

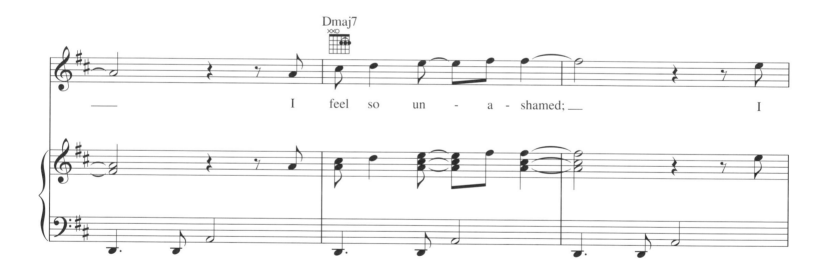

___ I feel so un - a - shamed; ___ I

can't be - lieve ___ this is hap - pen - ing ___ to me. ___

I watch you when___ you're sleep - ing; well then I___

___ want to take___ your love._____ Oh, won't you_____

show me the way, ev - 'ry day?_____ I want you;_____

show me the way. One more time!_____ I want

you _____ day af - ter day. _____

Yeah, I want you _____ day af - ter

day, _____ hey, _____ hey. _____

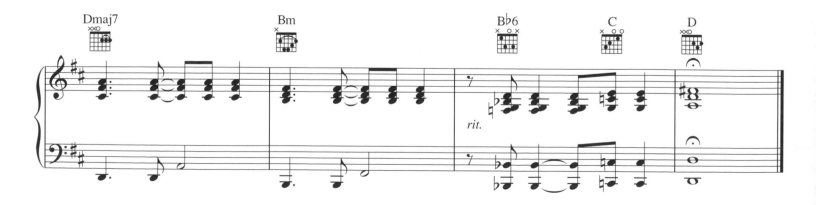

Somebody to Love

Words and Music by
DARBY SLICK

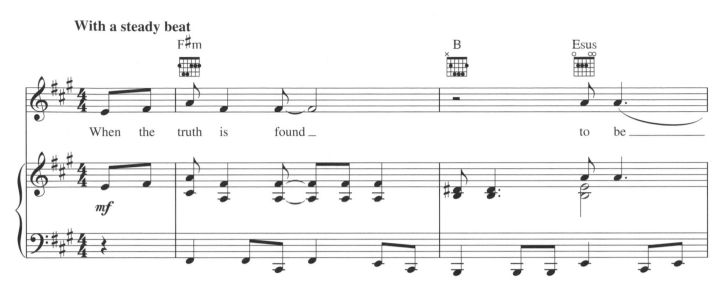

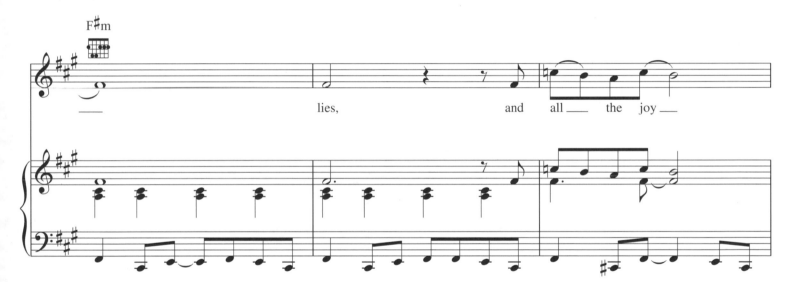

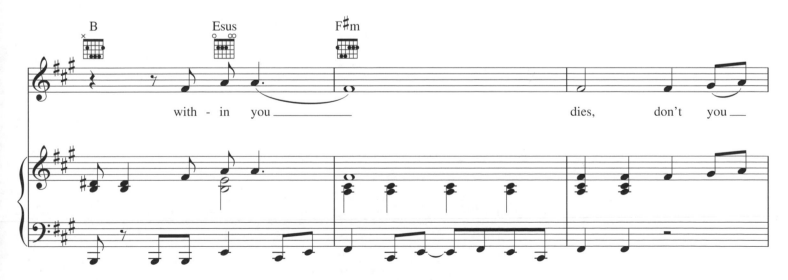

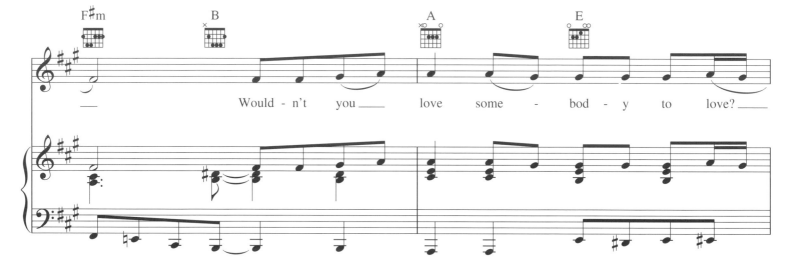

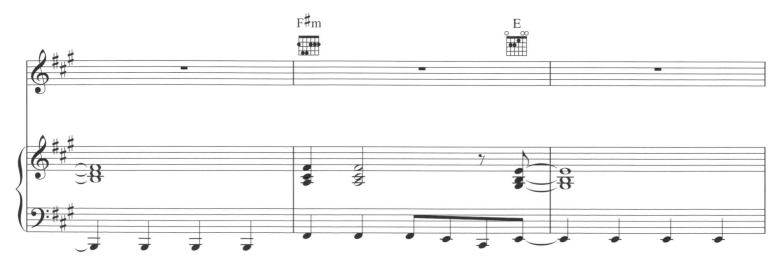

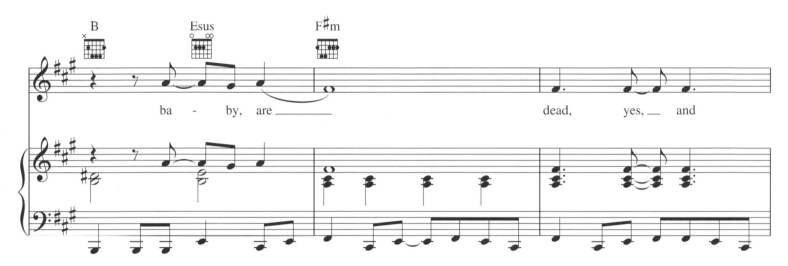

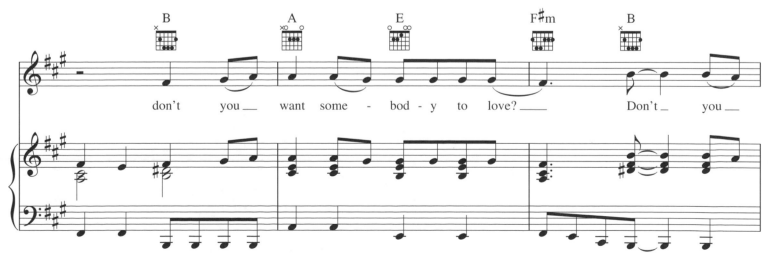

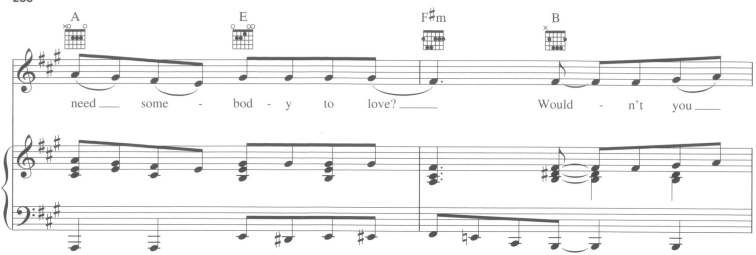

need ___ some - bod - y to love? _____ Would - n't you ___

love some - bod - y to love? _____ You _ bet - ter find ___ some - bod - y to love. _

___ Your eyes, _____ I say your eyes _____ may

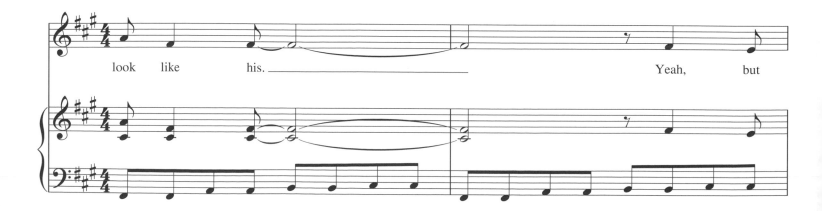

look like his. _____ Yeah, but

in your head, ba - by, ___ I'm a - fraid you don't know where it is. ___

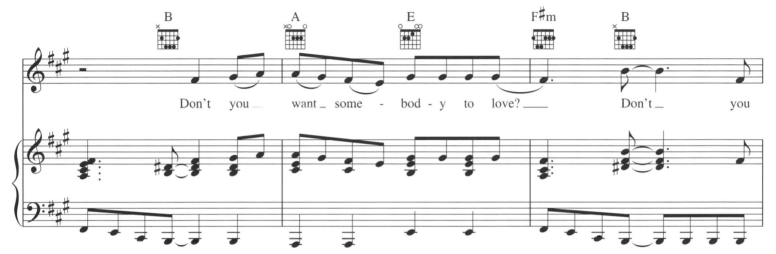

Don't you ___ want ___ some - bod - y to love? ___ Don't ___ you

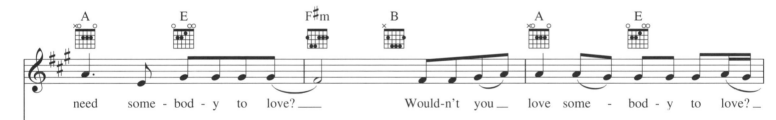

need some - bod - y to love? ___ Would-n't you ___ love some - bod - y to love? _

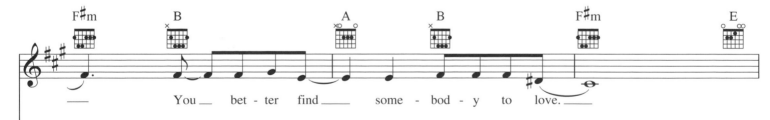

You bet - ter find ___ some - bod - y to love. ___

Tears __ are run - ning, _____

____ they're __ all run - ning down your breast, and

your friends, ba - by, they treat you like __ a guest. _____

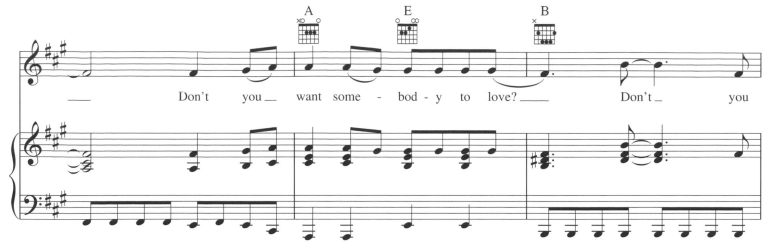

Don't you want some - bod - y to love? ___ Don't ___ you

need some - bod - y to love? ___ Would - n't you ___ love some - bod - y to love? ___

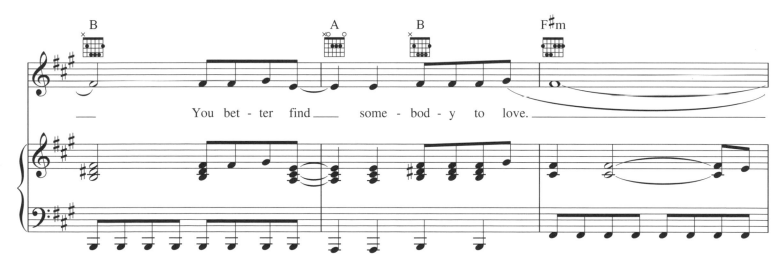

___ You bet - ter find ___ some - bod - y to love. ___

SOAK UP THE SUN

Words and Music by JEFF TROTT
and SHERYL CROW

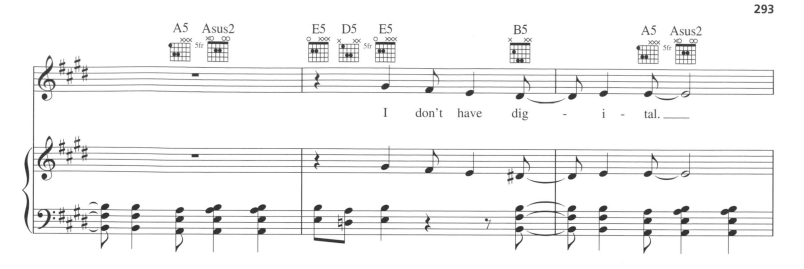

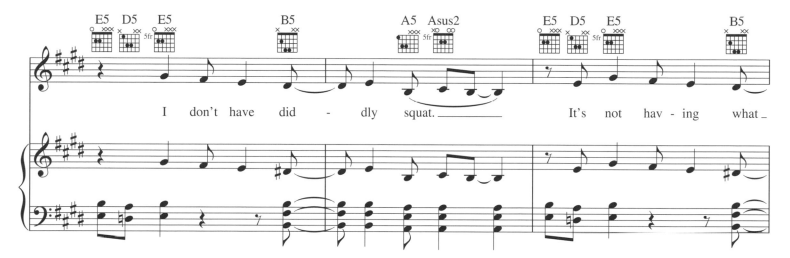

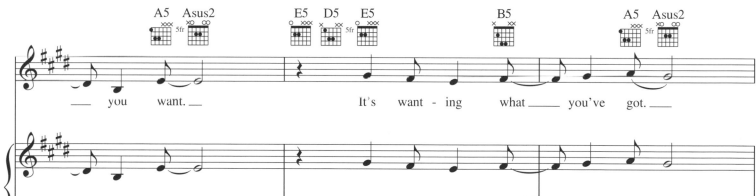

I'm gon-na tell ev-'ry-one ___ to light - en ___

up. ___ I'm gon-na tell 'em that I've ___

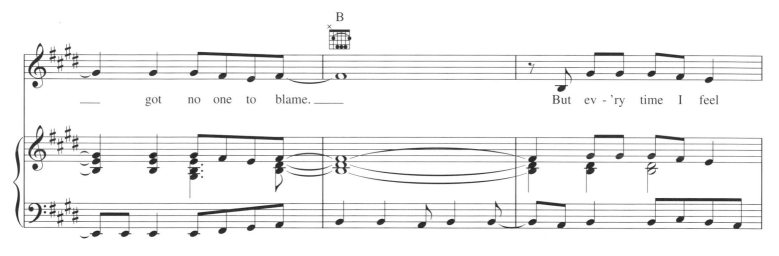

___ got no one to blame. ___ But ev-'ry time I feel

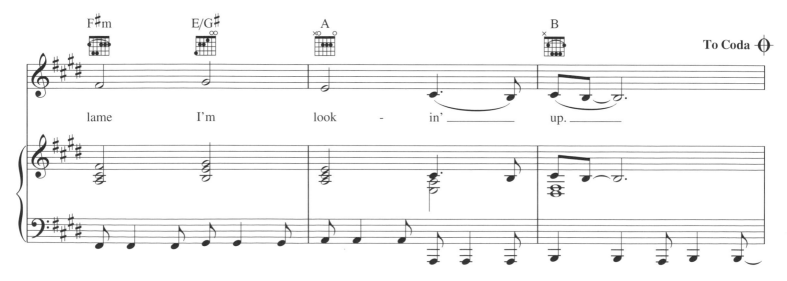

lame I'm look - in' ___ up. ___

To Coda ⊕

295

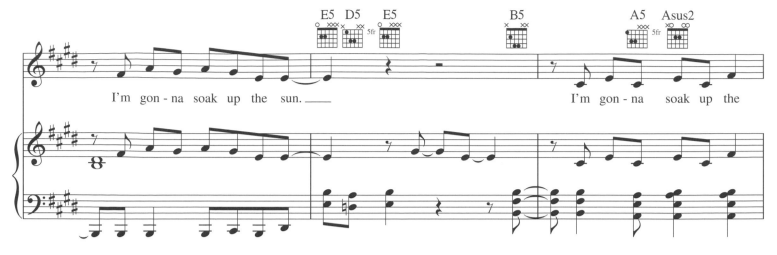

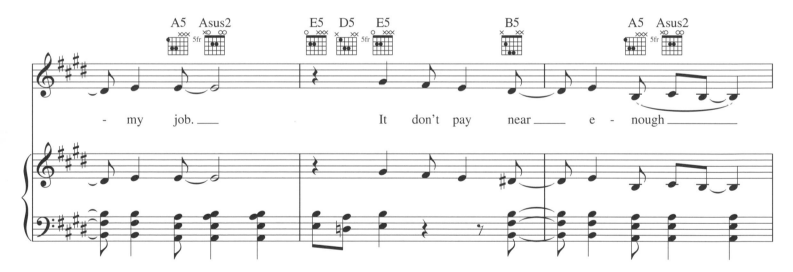

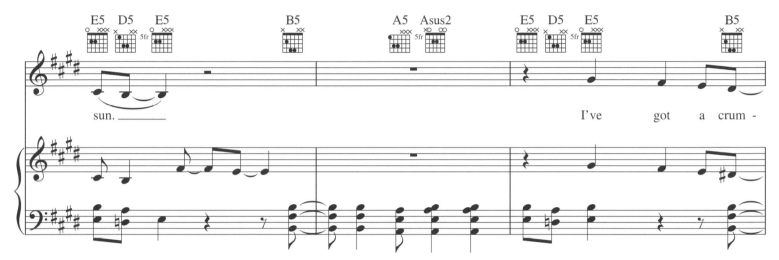

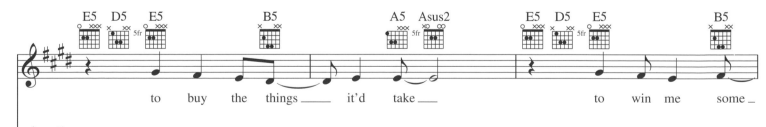

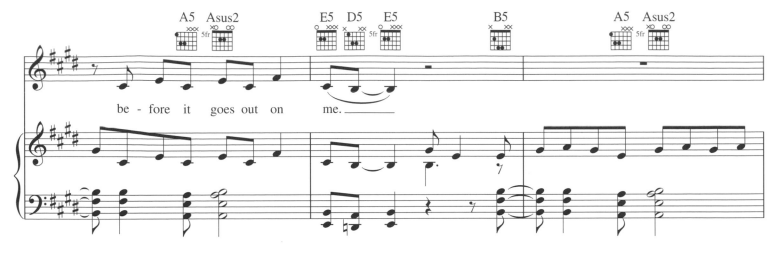

be - fore it goes out on me.____

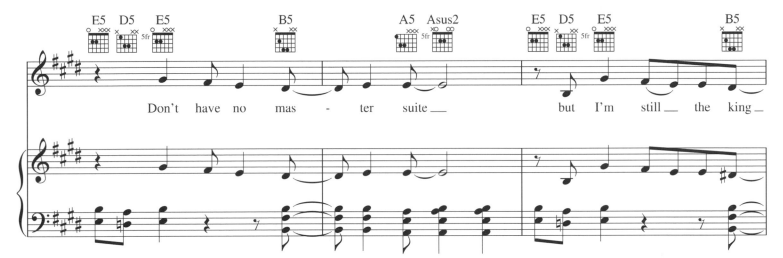

Don't have no mas - ter suite ____ but I'm still ___ the king ___

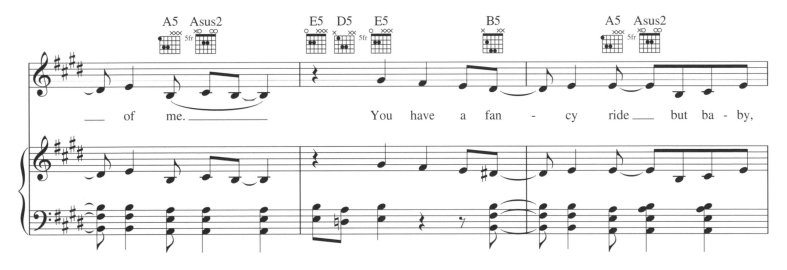

___ of me.____ You have a fan - cy ride ___ but ba - by,

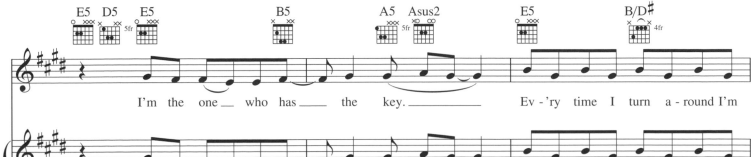

I'm the one ___ who has ___ the key.____ Ev -'ry time I turn a - round I'm

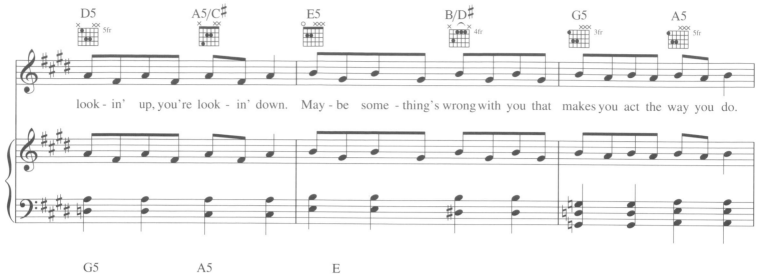

look - in' up, you're look - in' down. May - be some - thing's wrong with you that makes you act the way you do.

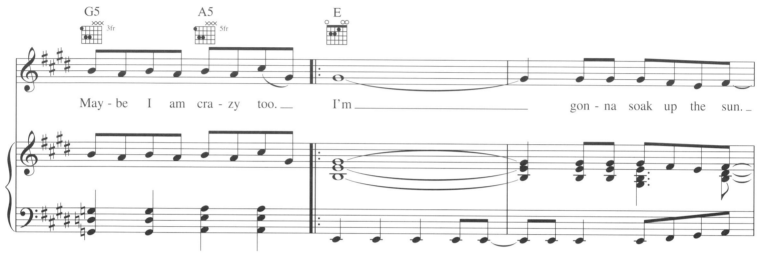

May - be I am cra - zy too. __ I'm _____ gon - na soak up the sun. __

I'm gon - na tell ev - 'ry - one ___ to

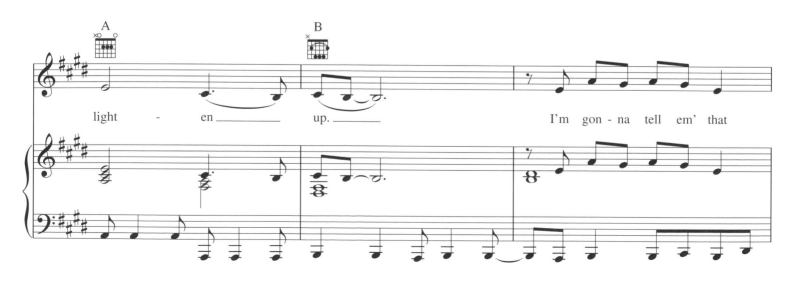

light - en ___ up. ___ I'm gon - na tell em' that

STARMAN

Words and Music by
DAVID BOWIE

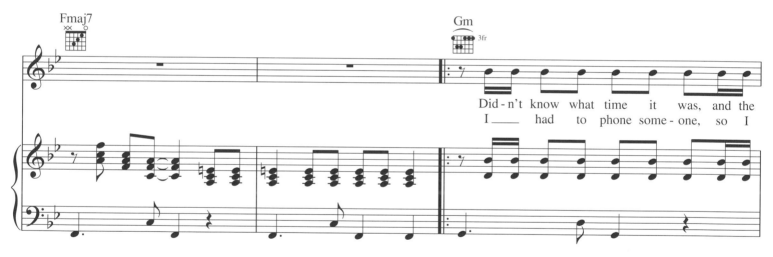

Some cat was lay-in' down some rock n' roll. "Lot-ta soul," he said.
Switch on the T V, we may pick him up on chan-nel two.

Then the loud sound did seem to fa - a - ade; came back like a slow voice on a
Look out your win-dow, I can see his ligh - igh - ight, If we can spar - kle, he may

wave of pha - a - ase. That weren't no D. J. That was ha - zy cos - mic jive. }
land to - nigh - igh - ight. Don't tell your pop-pa or he'll get us locked up in fright. }

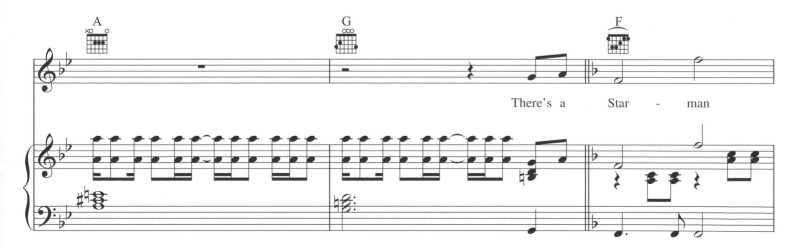

There's a Star - man

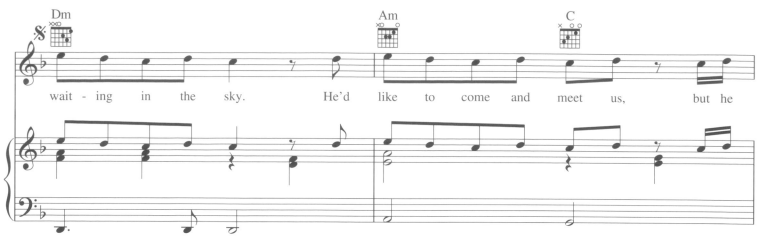

STAY THE NIGHT

Words and Music by PETER CETERA
and DAVID FOSTER

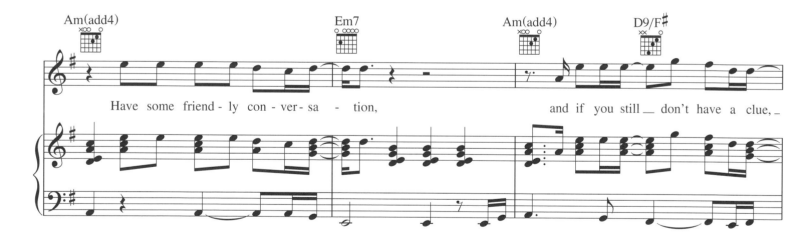

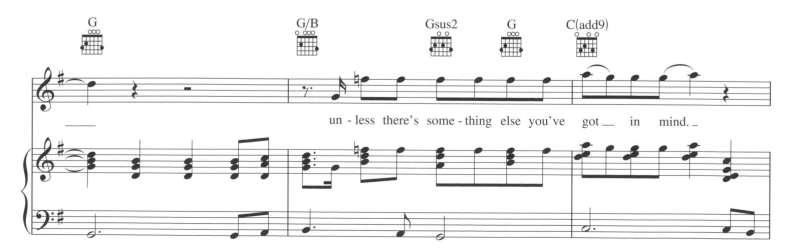

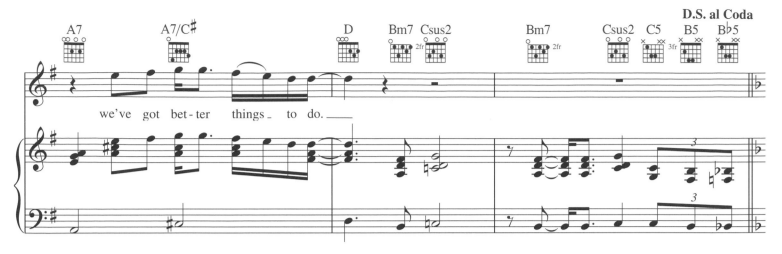

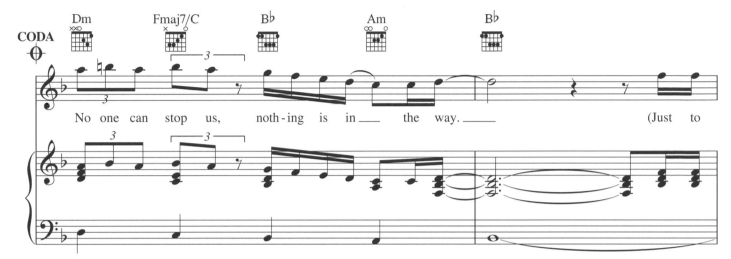

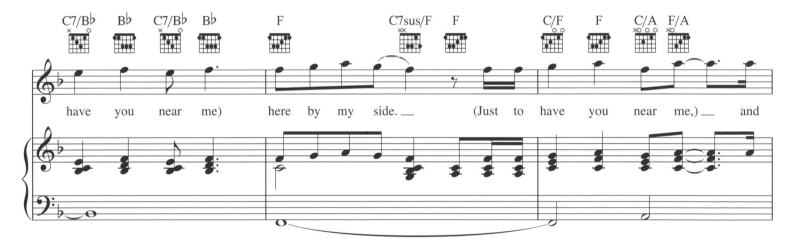

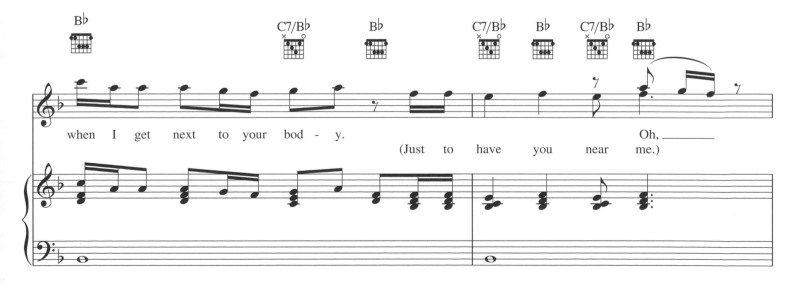

one thing I can tell you, and per-fect-ly clear, we're gon-na have a ver-y good time.

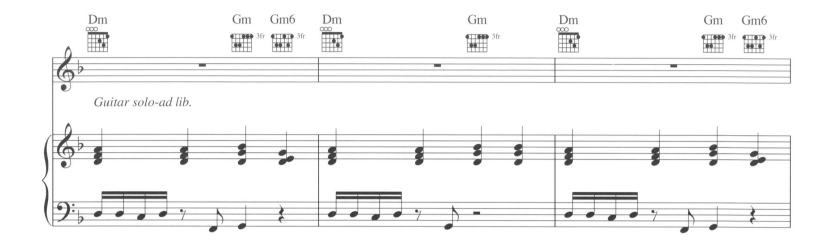

Guitar solo-ad lib.

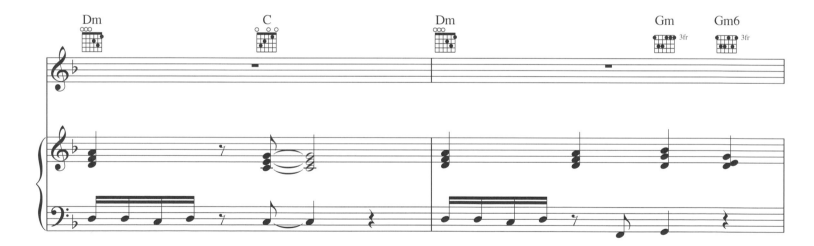

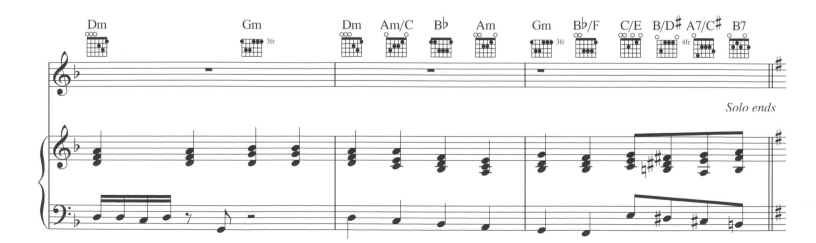

Solo ends

Stay the night.___ There's room e-nough here for two.___

Lead vocal-ad lib.

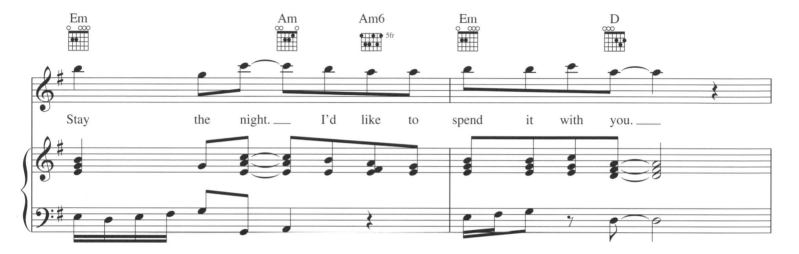

Stay the night.___ I'd like to spend it with you.___

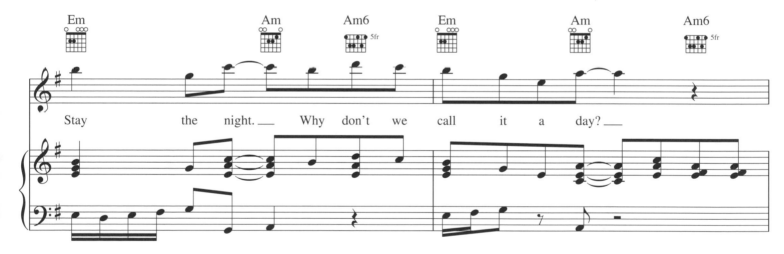

Stay the night.___ Why don't we call it a day?___

Repeat ad lib. and Fade

No one can stop us and noth-ing is in___ the way.___

STILL THE SAME

Words and Music by
BOB SEGER

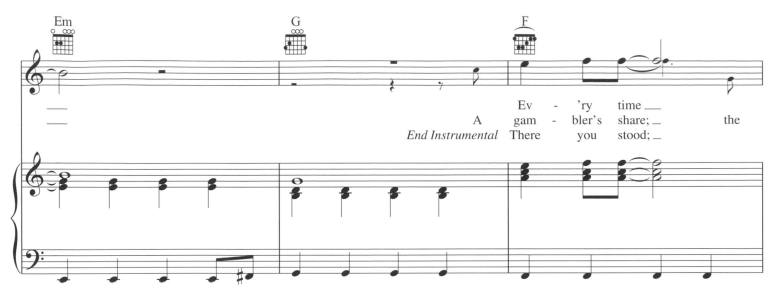

Ev - 'ry time ___
A gam - bler's share; ___ the
End Instrumental There you stood; ___

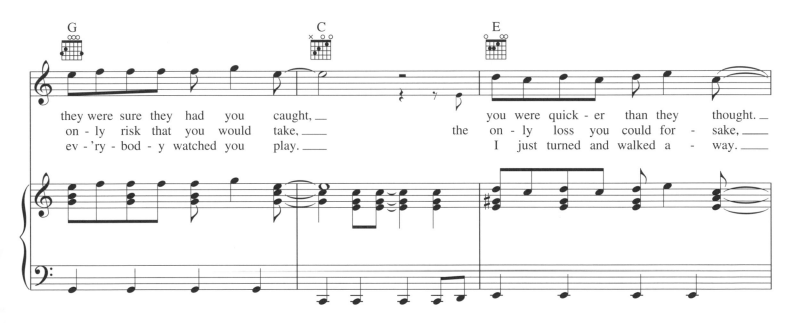

they were sure they had you caught, ___
on - ly risk that you would take, ___
ev - 'ry - bod - y watched you play. ___

you were quick - er than they thought. ___
the on - ly loss you could for - sake, ___
I just turned and walked a - way. ___

To Coda

You'd just turn your back and walk. ___
the on - ly bluff you could - n't fake. ___
I had noth - ing left to say. ___

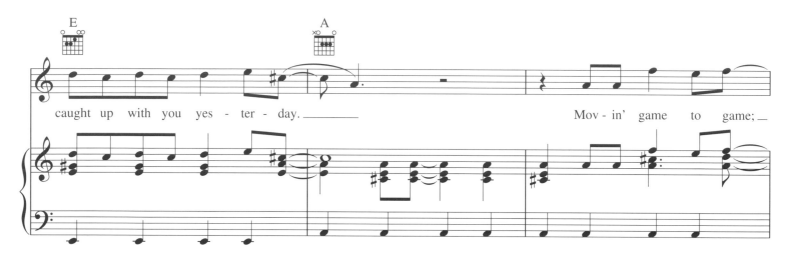

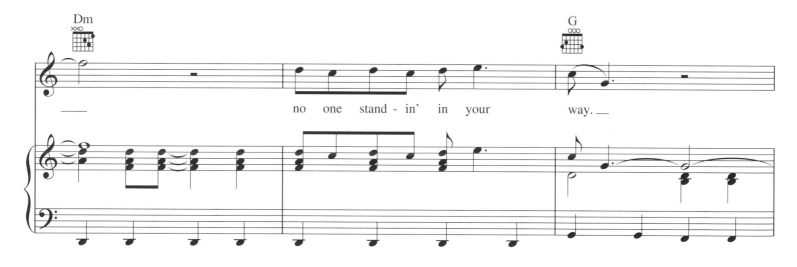

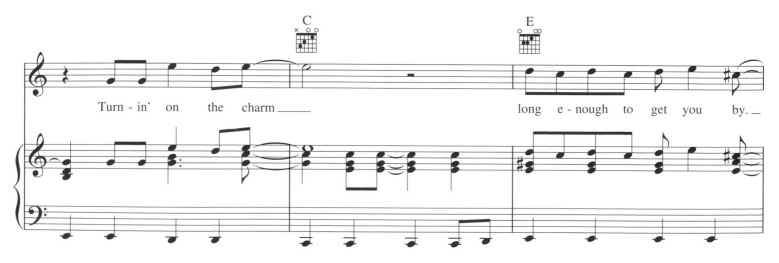

SUITE: JUDY BLUE EYES

Words and Music by
STEPHEN STILLS

Moderately fast

It's get-ting to ___ the point ___ where I'm no
mem-ber what ___ we've said ___ and done and

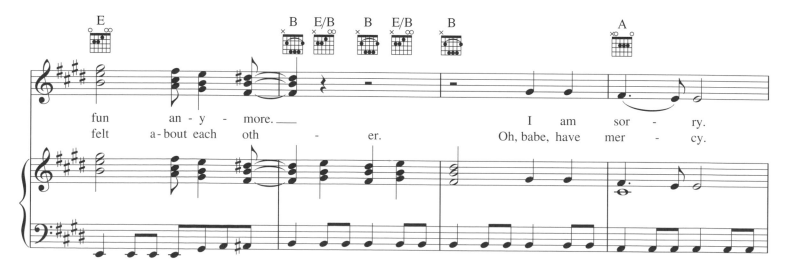

fun an-y - more. ___ I am sor - ry.
felt a-bout each oth - er. Oh, babe, have mer - cy.

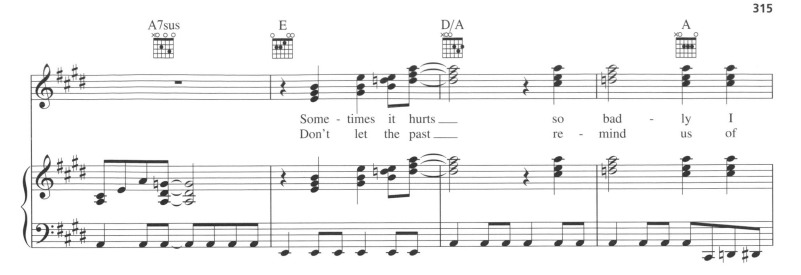

Some - times it hurts ___ so bad - ly I
Don't let the past ___ re - mind us of

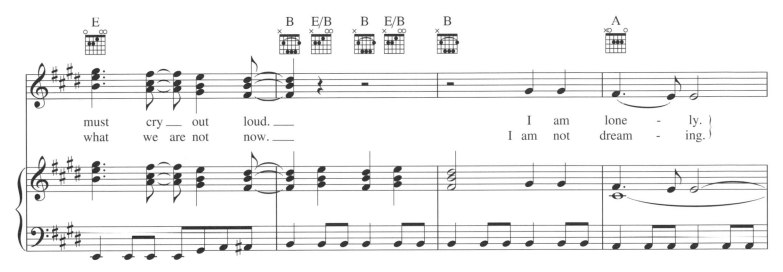

must cry ___ out loud. ___
what we are not now. ___

I am lone - ly.
I am not dream - ing.

I am yours, ___ you are mine, ___ you are what ___ you are.

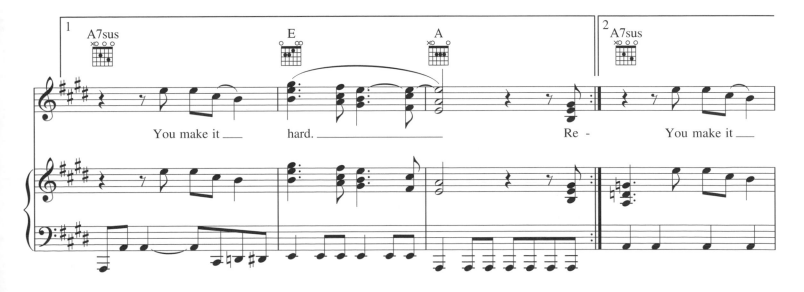

You make it ___ hard. ___ Re -

You make it ___

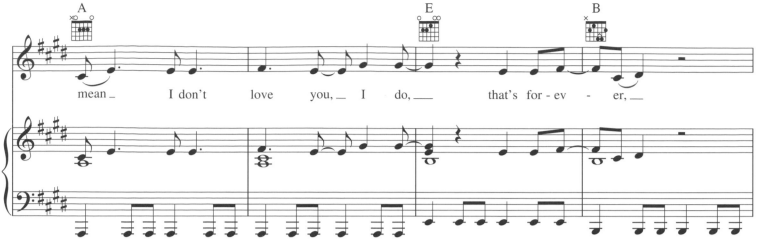

mean __ I don't love you, __ I do, __ that's for - ev - er, __

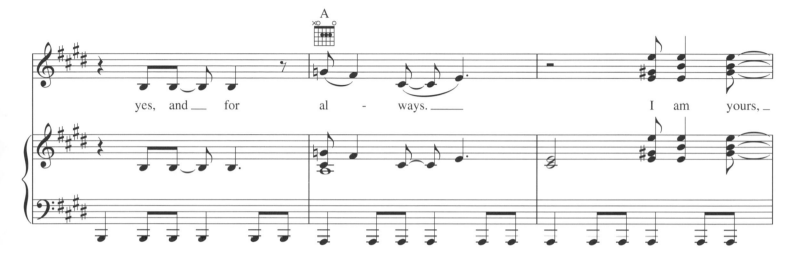

yes, and __ for al - ways. __ I am yours, __

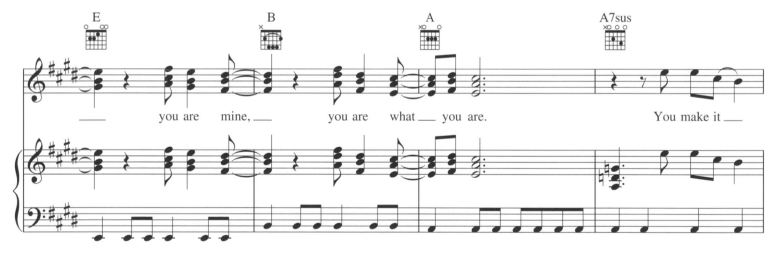

__ you are mine, __ you are what __ you are. You make it __

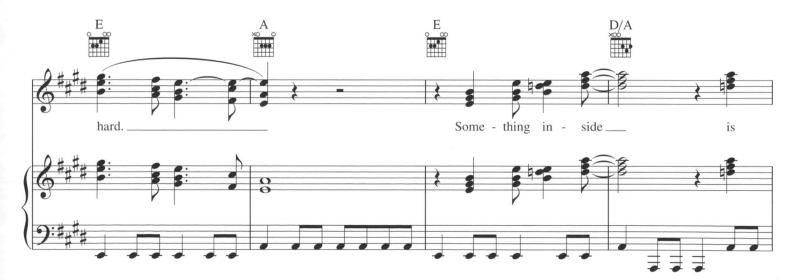

hard. _____ Some - thing in - side __ is

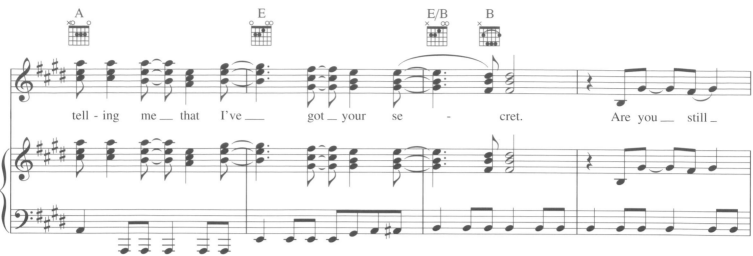

tell - ing me __ that I've __ got __ your se - cret. Are you __ still __

lis - t'ning? Fear is __ the lock __ and

laugh - ter __ the key __ to __ your heart, __ and I

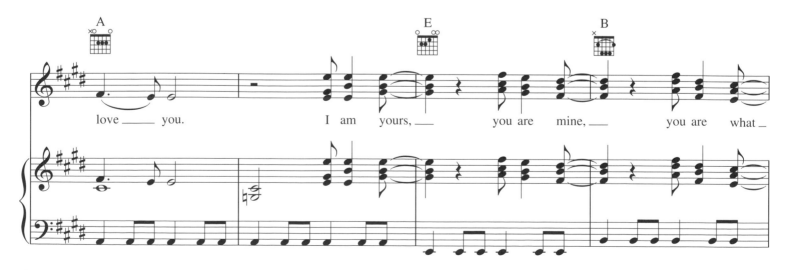

love __ you. I am yours, __ you are mine, __ you are what __

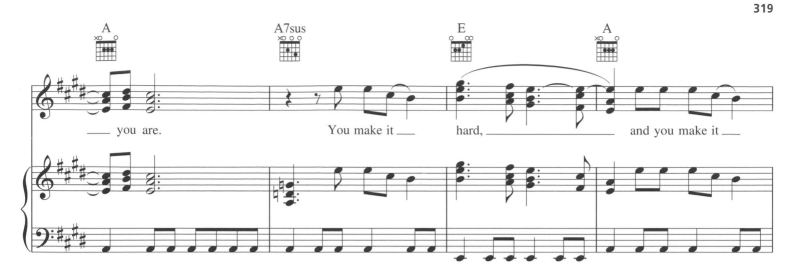

you are. You make it ___ hard, ___ and you make it ___

hard, ___ and you make it ___ hard, ___

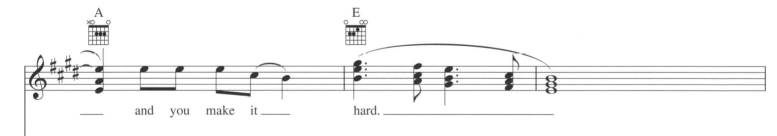

___ and you make it ___ hard. ___

Fri - day eve - ning, _____
Tues - day morn - ing, _____

Sun - day in the af - ter - noon. _____
please _____ be gone, I'm tired _____ of you. _____

What have you got to lose? _____

Can I

tell it like it is? _____ But lis-ten to me ba - by. _____

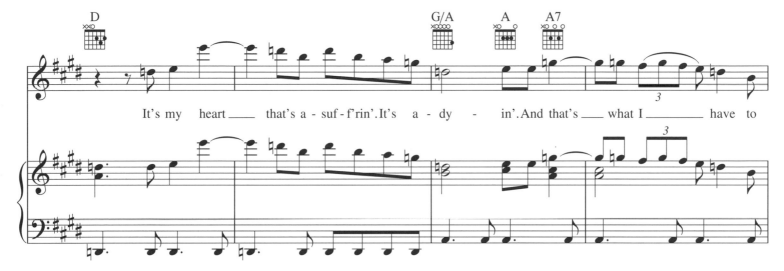

It's my heart _____ that's a-suf-f'rin'. It's a-dy - in'. And that's _____ what I _____ have to

lose.

I've _____ got an an - swer. _____
Will _____ you come see _____ me _____

I'm _____ go - ing ____ to fly a - way. _____
Thurs - days _____ and Sat - ur - days? _____

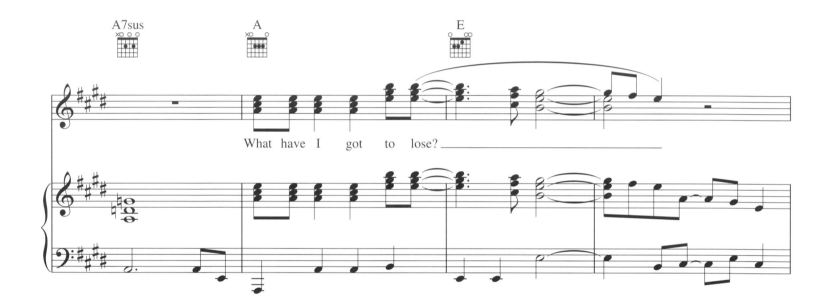

What have I got to lose? _____

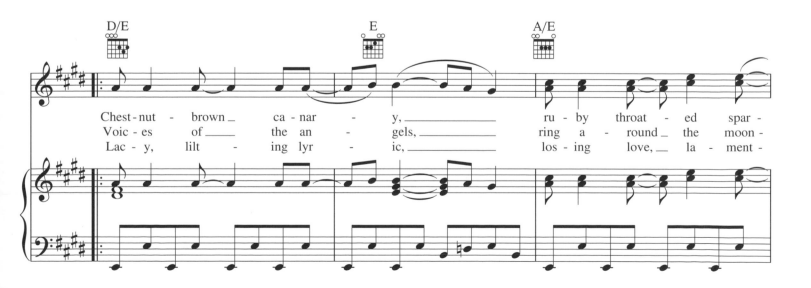

Chest-nut - brown _ ca-nar - y, _____ ru - by throat - ed spar -
Voic - es of ____ the an - gels, _____ ring a - round _ the moon -
Lac - y, lilt - ing lyr - ic, _____ los - ing love, _ la - ment -

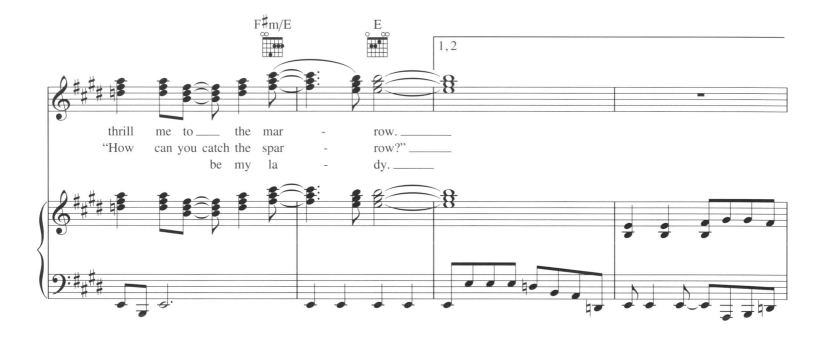

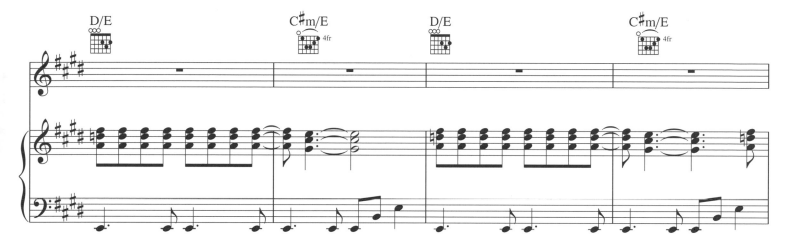

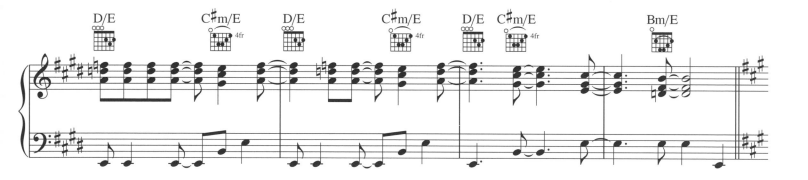

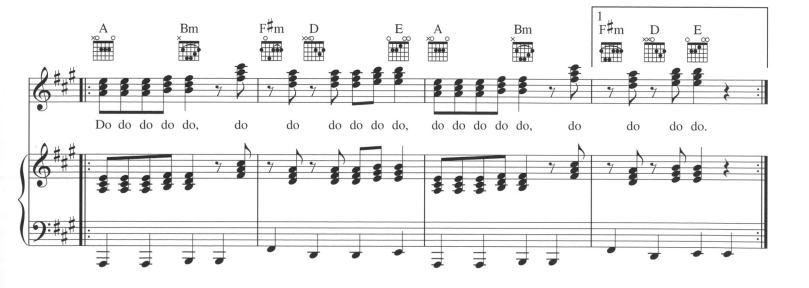

Do do do do do,   do   do   do do do do,   do do do do do,   do   do   do do.

TEARS IN HEAVEN

Words and Music by ERIC CLAPTON
and WILL JENNINGS

Would you know my name ___
Would you hold my hand ___
Would you know my name ___

if I saw you in heav - en?
if I saw you in heav - en?
if I saw you in heav - en?

Would it be the same ___
Would you help me stand ___
Would you be the same ___

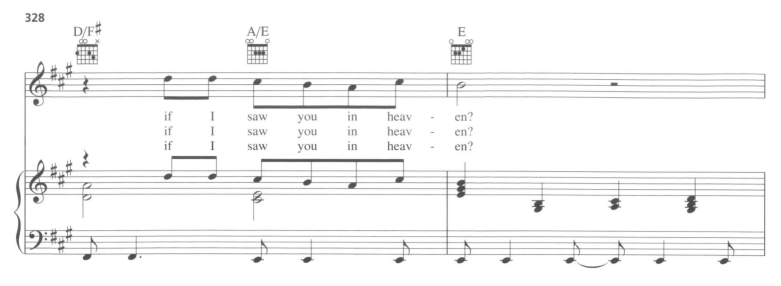

if I saw you in heav - en?
if I saw you in heav - en?
if I saw you in heav - en?

(1.,3.) I must be strong ____ and car - ry on ___
(2.) I'll find my way _____ through night and day __

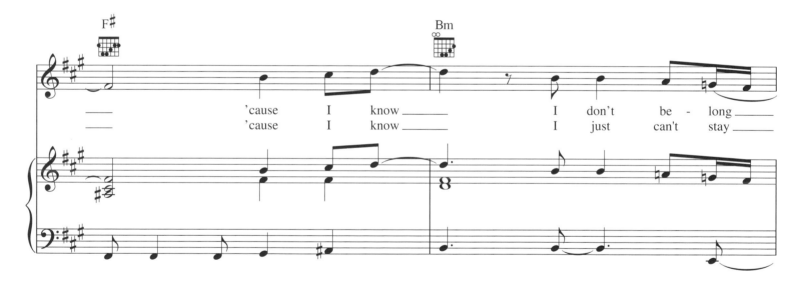

____ 'cause I know _____ I don't be - long _____
____ 'cause I know _____ I just can't stay _____

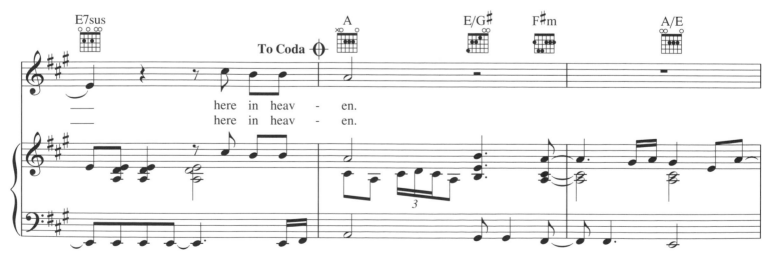

____ here in heav - en.
____ here in heav - en.

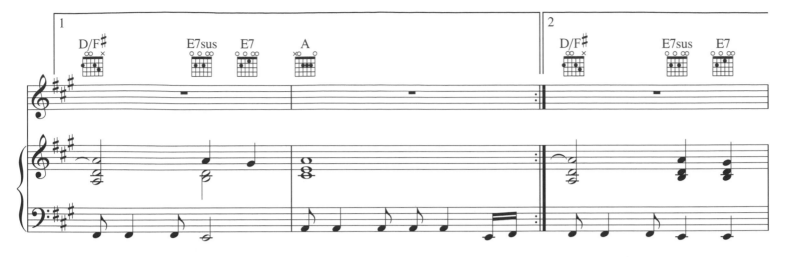

Time can bring you down, _____

_____ time can bend your knees. _____

Time can break the heart, _____ have you beg-gin' please, _____ beg-gin' please. _____

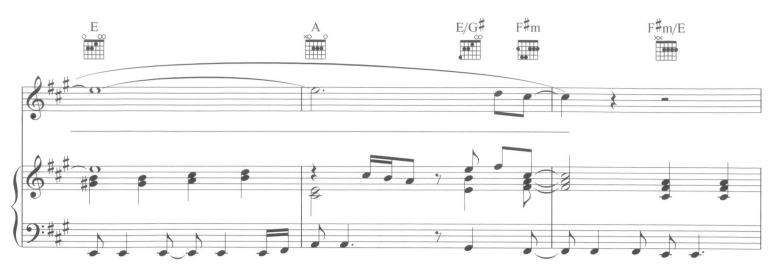

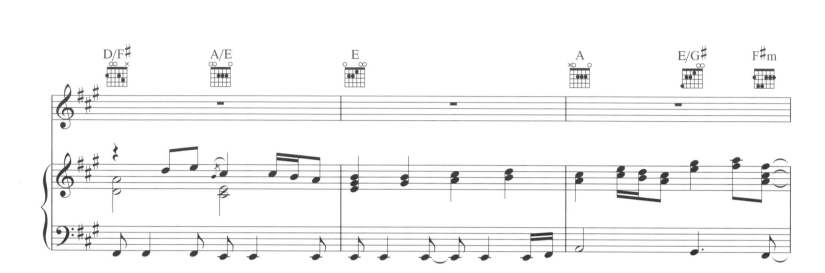

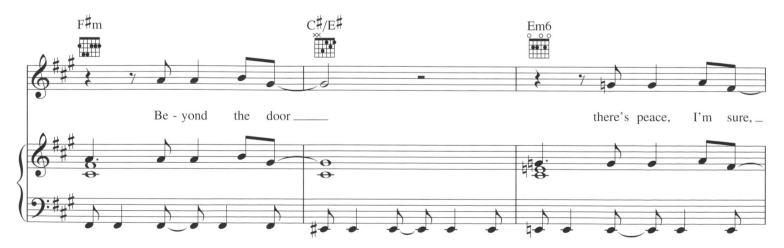

Be - yond the door _____ there's peace, I'm sure, __

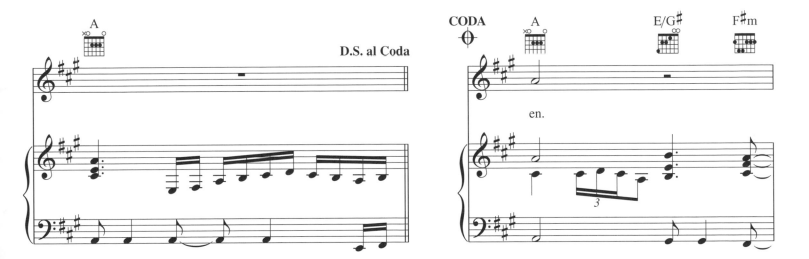

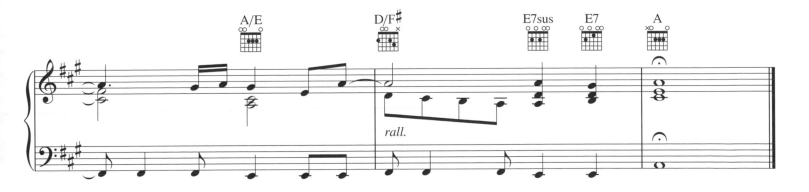

SUPERMAN
(It's Not Easy)

Words and Music by
JOHN ONDRASIK

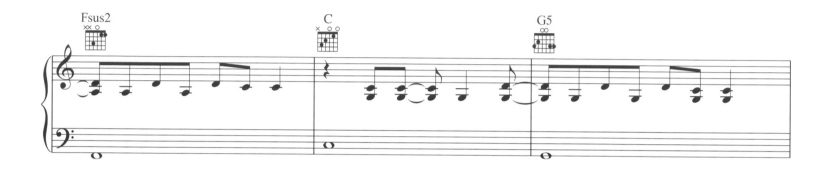

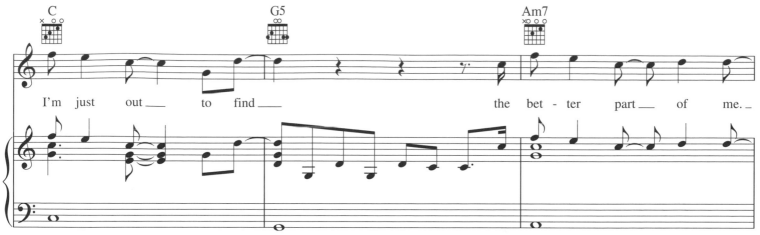

I'm just out __ to find __ the bet - ter part __ of me. __

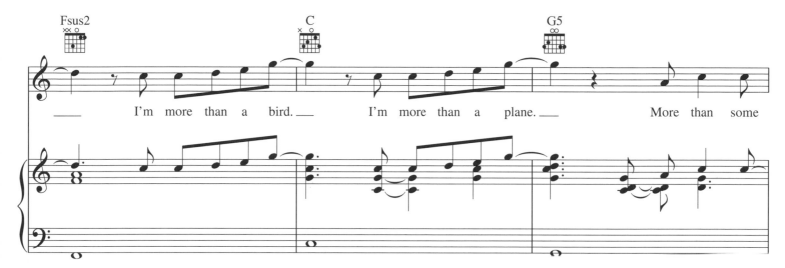

__ I'm more than a bird. __ I'm more than a plane. __ More than some

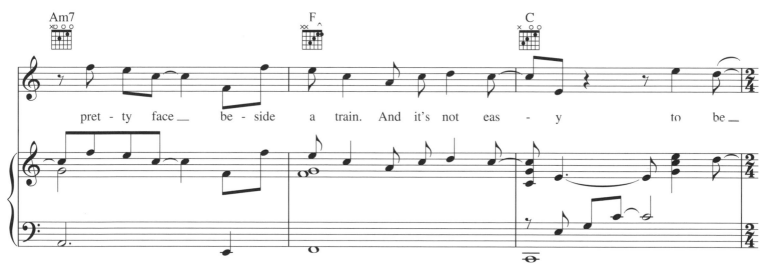

pret - ty face __ be - side a train. And it's not eas - y to be __

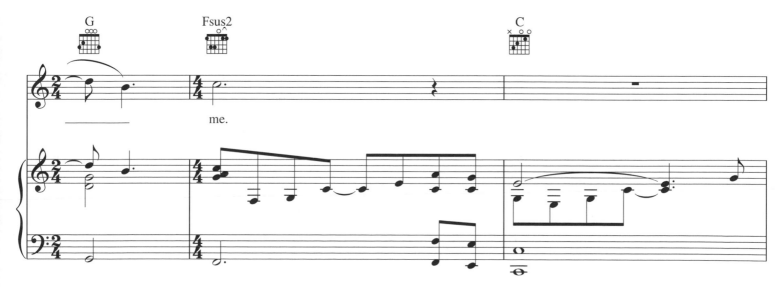

__ me.

Wish that ___ I ___ could cry. ___ Fall up-on my knees. ___

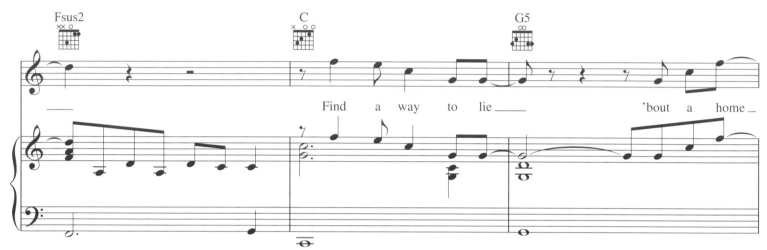

___ Find a way to lie ___ 'bout a home ___

___ I'll nev-er ___ see. ___ It may sound ab-surd, ___ but don't be na-ive. ___

___ E-ven he-roes have ___ the right to bleed. I may be dis-turbed, ___

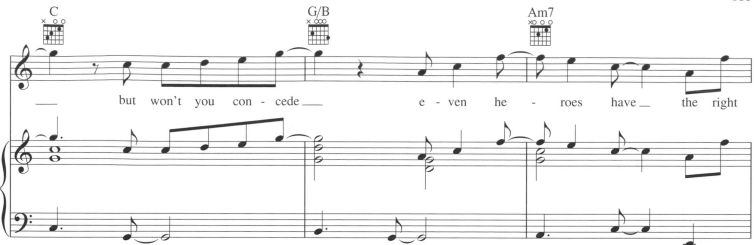

but won't you con-cede ____ e - ven he - roes have ____ the right

to dream? And it's not eas - y to be _____

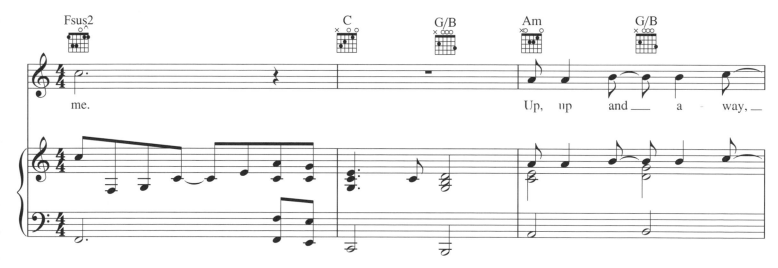

me. Up, up and ____ a - way, ____

____ a - way ____ from me. ____ Well it's all - right, ____ you can all ____

sleep sound _____ to - night. ____ I'm not cra - zy ____

or an - y - thing. _____ I can't stand ___ to fly. __

____ I'm not that ___ na - ive. ____

Men weren't meant ___ to ride ____ with ___ clouds ___ be - tween ___ their knees. ____

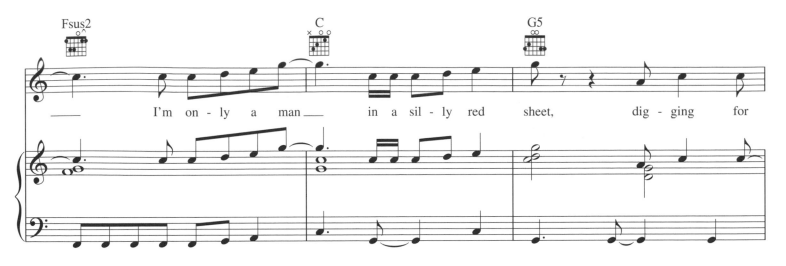

I'm on-ly a man __ in a sil-ly red sheet, dig-ging for

kryp-ton-ite __ on this one - way street. On-ly a man __ in a fun-ny red

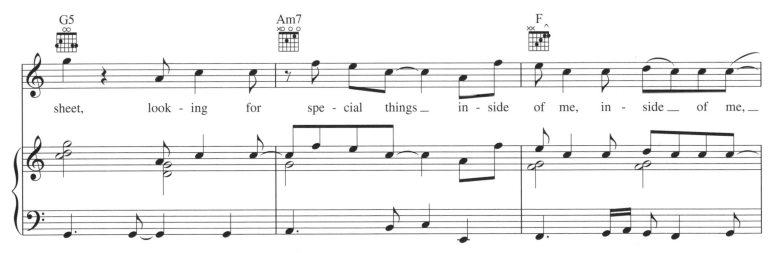

sheet, look-ing for spe-cial things __ in-side of me, in - side __ of me, __

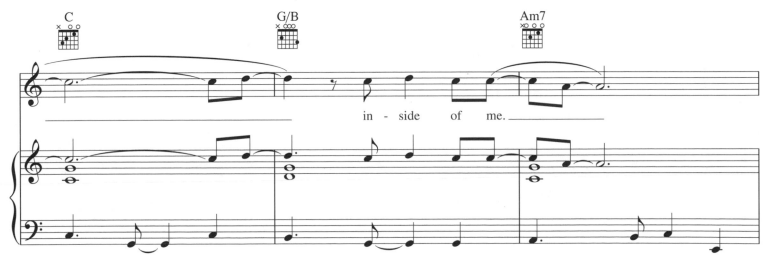

in - side of me. __

Yeah, in - side ___ of me, _____ in - side ___

___ of me. _____ I'm on - ly a man ___ in a fun - ny red

sheet. I'm on - ly a man ___ look - ing for a dream. ___ I'm on - ly a man ___

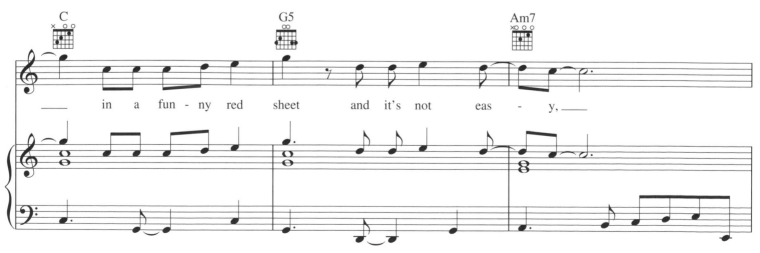

___ in a fun - ny red sheet and it's not eas - y, ___

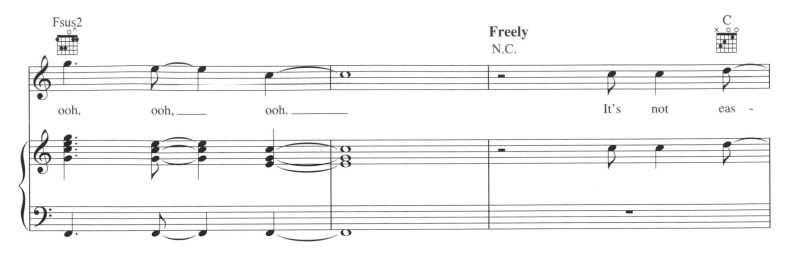

ooh,　　ooh,＿＿＿　　ooh.＿＿＿＿

It's　not　eas-

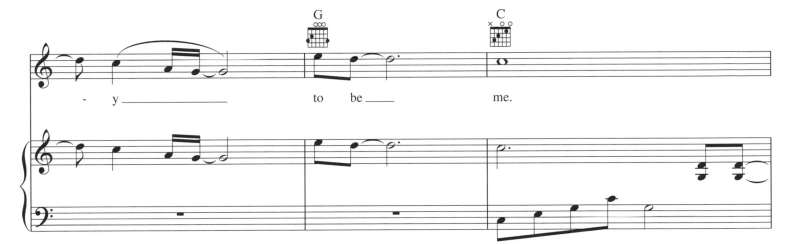

-y＿＿＿＿＿　　to　be＿＿　me.

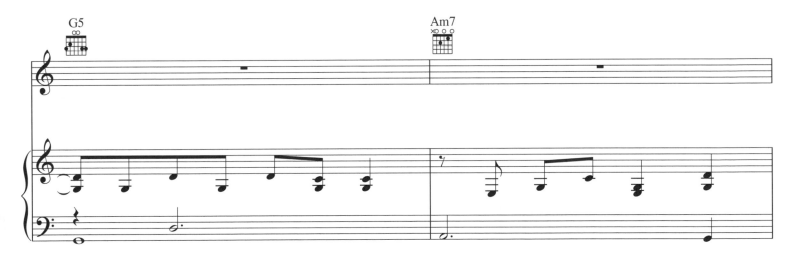

SWEET TALKIN' WOMAN

Words and Music by
JEFF LYNNE

Moderately

[Musical notation with chord diagrams: F, G, Am, F/A, G/B, C, F, G, Am, F, G, C, C, Am]

Sweet talk - in' wom - an,
where did you go? ____ I was
search - in' on a one - way street, __ I was hop - in' for a
walk - in' man - y days go by, ___ I was think - in' 'bout the
liv - in' on a dead - end street, __ I've been ask - in' ev - 'ry-

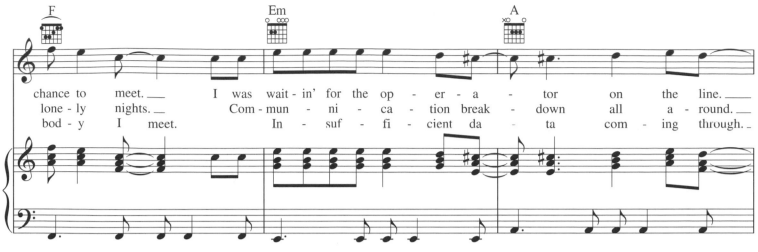

chance to meet. __ I was wait-in' for the op-er-a-tor on the line. __
lone-ly nights. __ Com-mun-ni-ca-tion break-down all a-round. __
bod-y I meet. In-suf-fi-cient da-ta com-ing through. __

(She's __ gone so long) What can I do? _____ (Where could she

be?) Don't know what I'm gon-na do, _____ I

got-ta get back __ to you. _____ (You got-ta)

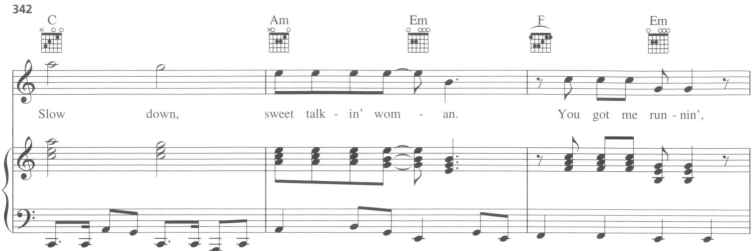

Slow down, sweet talk - in' wom - an. You got me run - nin',

you got me search - in'. Hold on, sweet talk - in' lov - er,

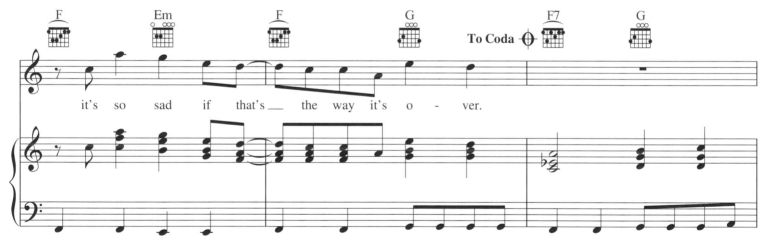

To Coda

it's so sad if that's ___ the way it's o - ver.

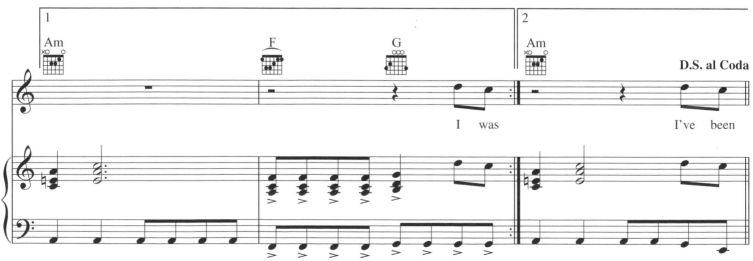

1   2

D.S. al Coda

I was   I've been

Slow down, sweet talk - in' wom - an. You got me run - nin',

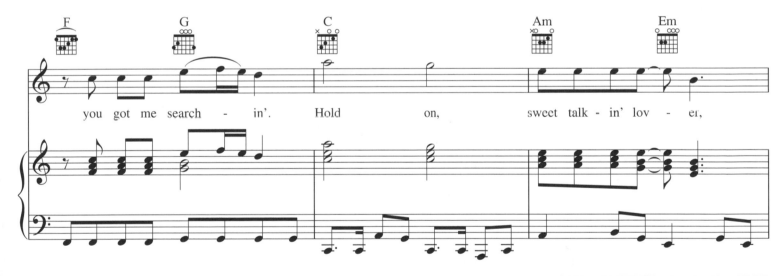

you got me search - in'. Hold on, sweet talk - in' lov - er,

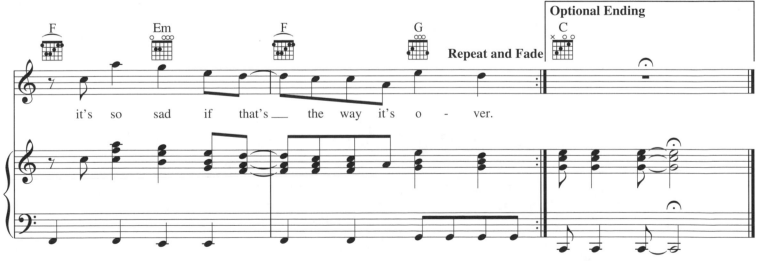

it's so sad if that's __ the way it's o - ver.

3 AM

Lyrics by ROB THOMAS
Music by ROB THOMAS, BRIAN YALE,
JOHN LESLIE GOFF and JOHN JOSEPH STANLEY

Moderately fast

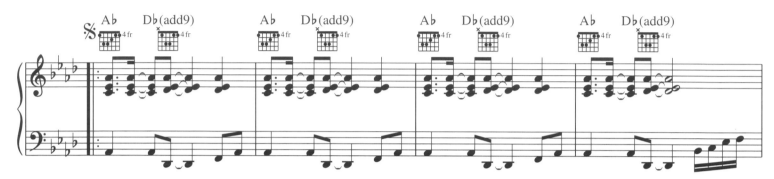

Well, she said it's cold ___ out - side, ___ and she hands ___ me my rain -
Well, she's got a lit - tle bit of some - thing; ___ God, it's bet - ter than noth -
Well, she be - lieves ___ that ___ life ___ is - n't made up of all ___ that she used ___

- coat;
- ing.
___ to.

she's al - ways
And in her col - or
And the clock on the wall ___

WONDERWALL

Words and Music by
NOEL GALLAGHER

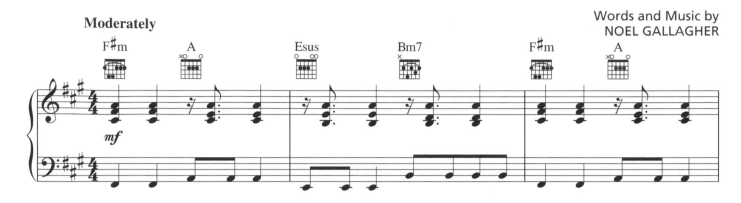

To - day is gon - na be the day that they're

gon - na throw it back to you. ___ By now you should-'ve some - how re - al -

ised what you got - ta do. ___ I don't be - lieve ___ that an - y - bod - y

you're gon - na be the one that saves me, _____ and af - ter all, _

you're my won - der - wall. _____

I said may - be _____

you're gon - na be the one that saves me, _____ and af - ter all, _

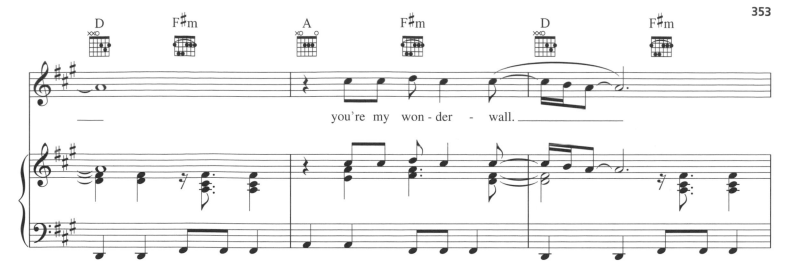

you're my won - der - wall.

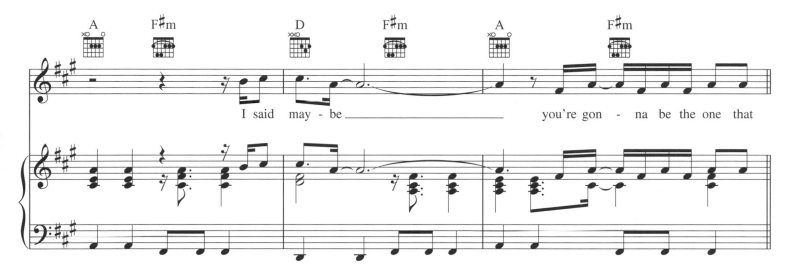

I said may - be _____ you're gon - na be the one that

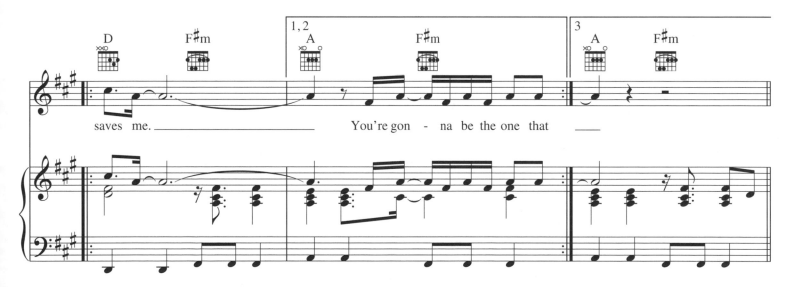

saves me. _____ You're gon - na be the one that _____

1, 2

3

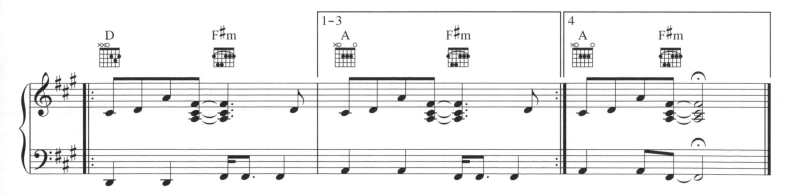

1–3

4

TIME FOR ME TO FLY

Words and Music by
KEVIN CRONIN

Moderately slow, in 2

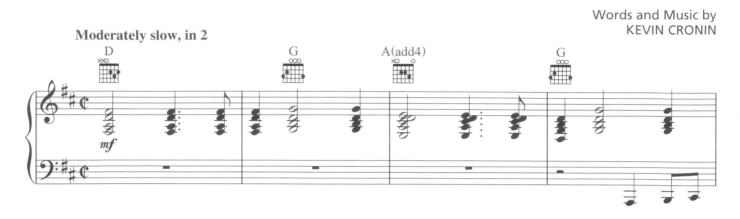

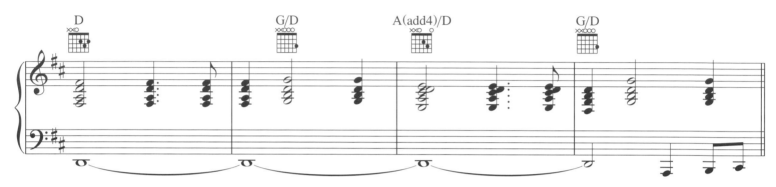

I've been a-round ___ for you, been up and down ___ for ___ you; but
You said we'd work ___ it out. You said that you had ___ no ___ doubt that

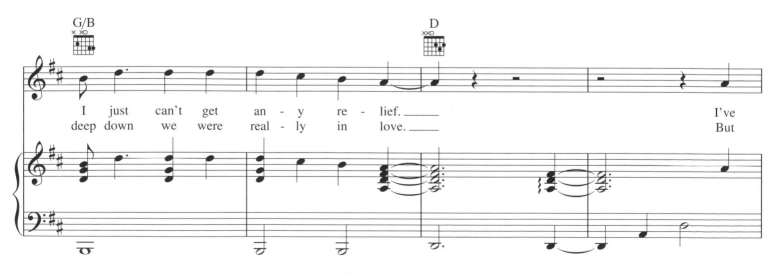

I just can't get an-y re-lief. ___ I've
deep down we were real-ly in love. ___ But

swal - lowed my pride ____ for you, lived and lied ____ for ____ you; but
I'm tired of hold - ing on to a feel - ing I know ____ is ____ gone. I

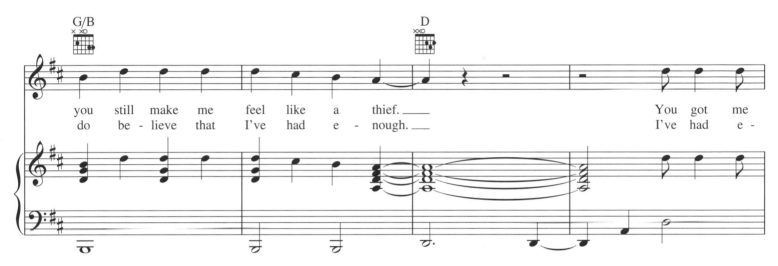

you still make me feel like a thief. ____ You got me
do be - lieve that I've had e - nough. ____ I've had e -

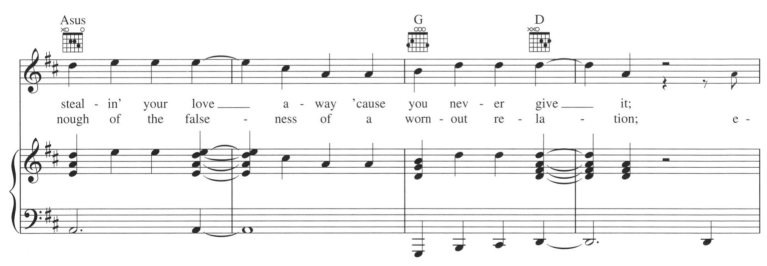

steal - in' your love ____ a - way 'cause you nev - er give ____ it;
nough of the false - ness of a worn - out re - la - tion; e -

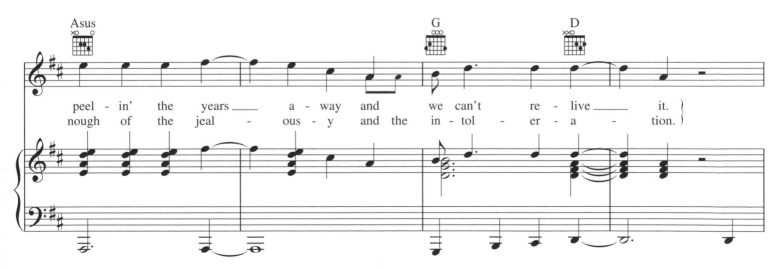

peel - in' the years ____ a - way and we can't re - live ____ it.
nough of the jeal - ous - y and the in - tol - er - a - tion.

I make you laugh, _____ and ___ you make me cry. _____

I be-lieve it's time ___ for me ___ to fly. _____

Time for me ___ to fly. _____ I've got to set ___ my-self free.

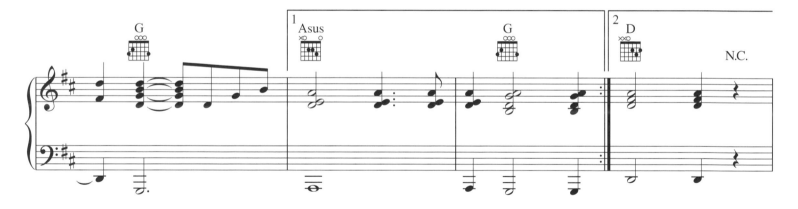

Time for me __ to fly. _____ That's just how it's got to ____ be. __

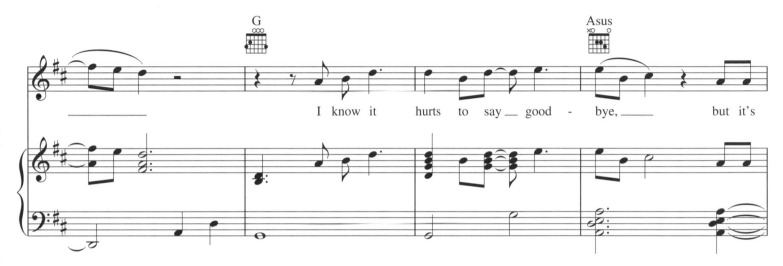

_____ I know it hurts to say __ good - bye, ____ but it's

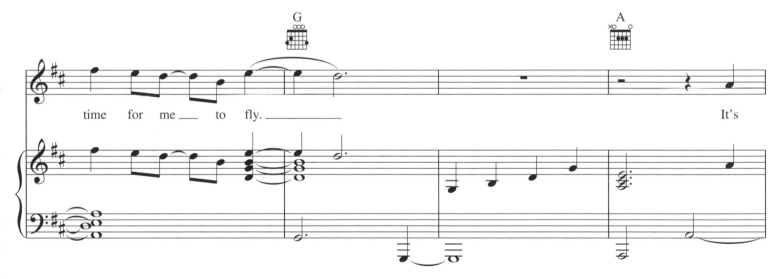

time for me __ to fly. _____ It's

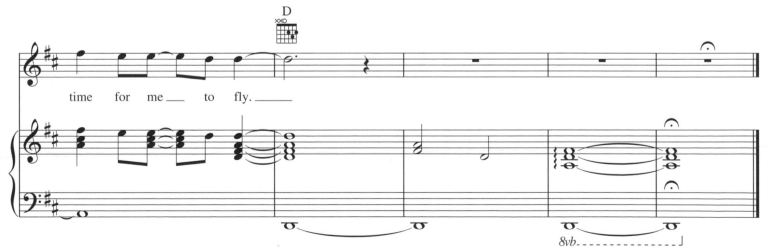

time for me __ to fly. _____

WHEN THE CHILDREN CRY

Words and Music by MIKE TRAMP
and VITO BRATTA

Smoothly, with motion

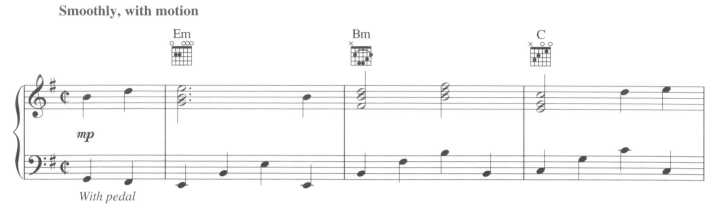

With pedal

rit.

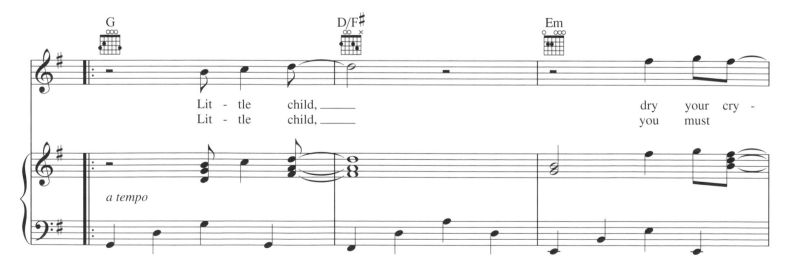

Lit - tle   child, _____   dry   your   cry -
Lit - tle   child, _____   you   must

a tempo

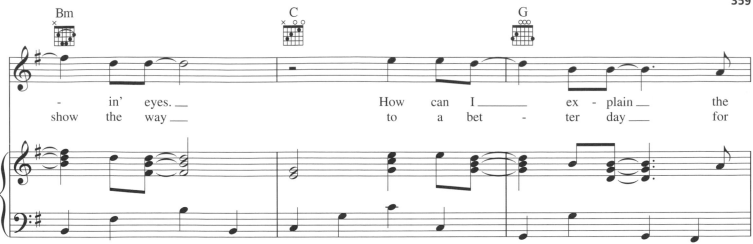

-in' eyes. ___ How can I ___ ex - plain ___ the
show the way ___ to a bet - ter day ___ for

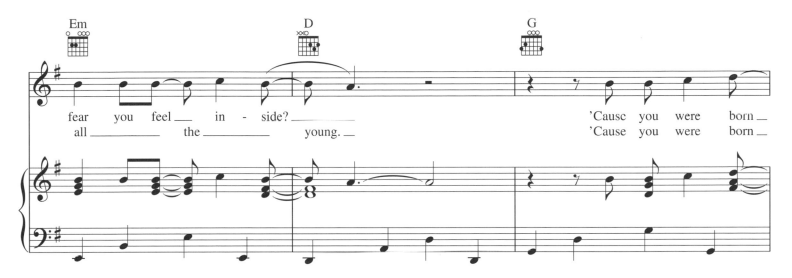

fear you feel ___ in - side? ___ 'Cause you were born ___
all ___ the ___ young. ___ 'Cause you were born ___

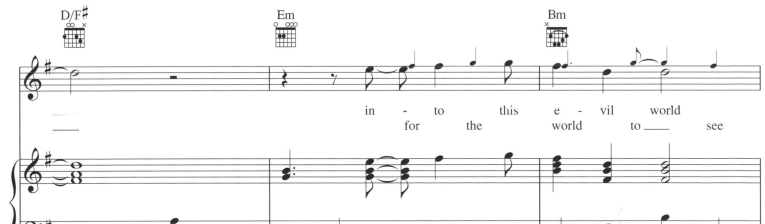

in - to this e - vil world
for the world to ___ see

where man is kill - ing man ___ and
that we all can live ___ with

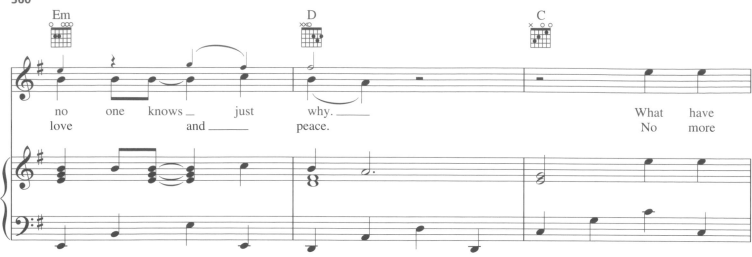

no one knows _ just why. _ What have
love and _____ peace. _ No more

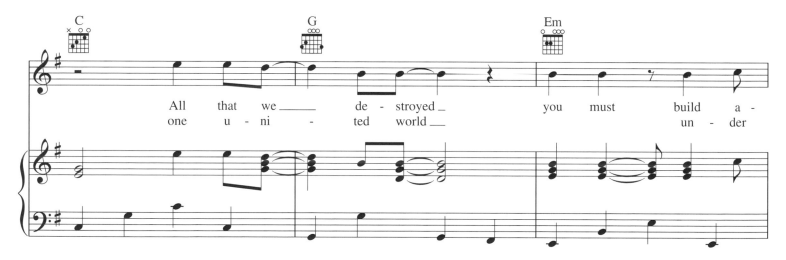

we be - gun? _ Just _ look what we have done. _
pres - i - dents, _ and _ all the wars will end; _

All that we _____ de - stroyed _ you must build a -
one u - ni - ted world _ un - der

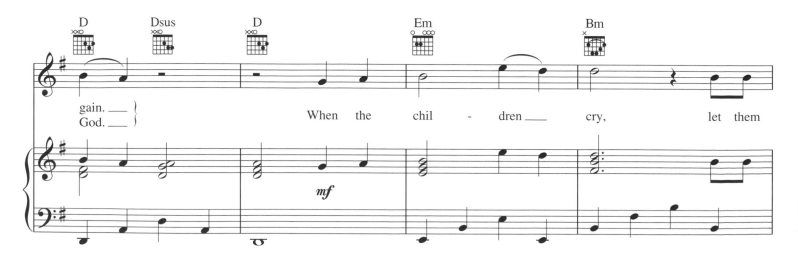

gain. _ } When the chil - dren _ cry, let them
God. _ }

know we ___ tried. 'Cause when the chil - dren ___ sing, then the

new world be - gins. ___   gins. ___

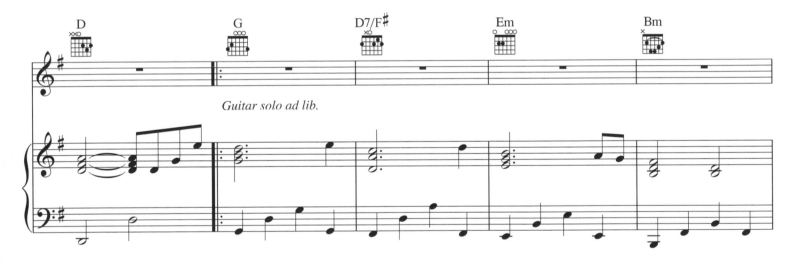

Guitar solo ad lib.

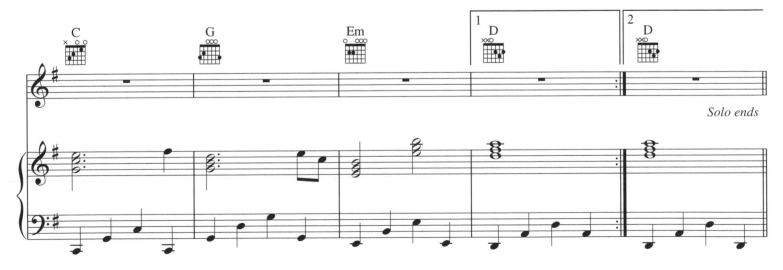

Solo ends

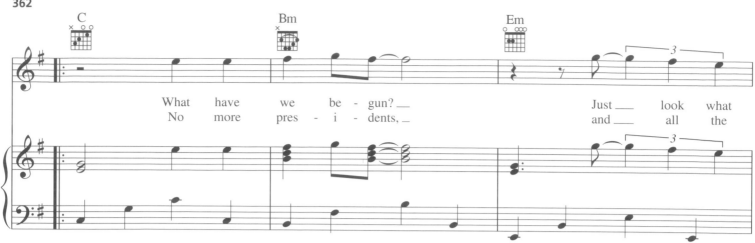

What have we be - gun? ___ Just ___ look what
No more pres - i - dents, ___ and ___ all the

we have done. ___ All that we ___ de - stroyed ___
wars will end; ___ one u - nit - ed world ___

you must build a - gain. ___
un - der God. ___

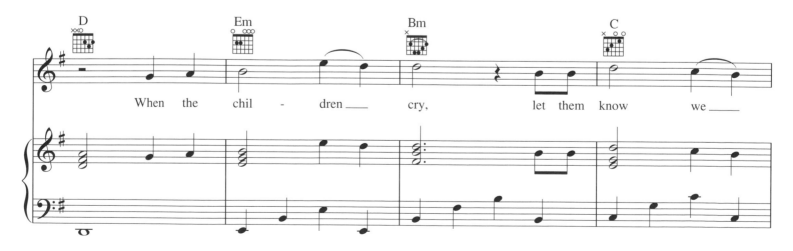

When the chil - dren ___ cry, let them know we ___

tried. 'Cause when the chil - dren ____ fight, let them

know it ain't right. ____ When the chil - dren ____ pray, let them

know the ____ way. 'Cause when the chil - dren ____

sing, then the new world be - gins. ____

WHEREVER YOU WILL GO

Words and Music by AARON KAMIN
and ALEX BAND

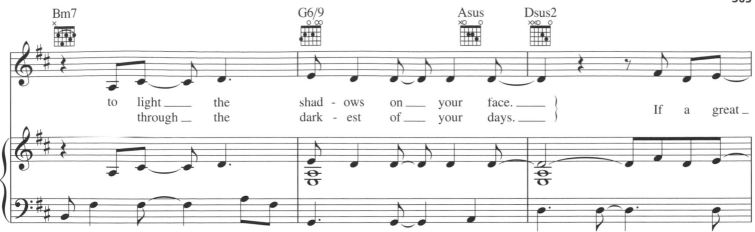

to light ____ the shad - ows on ___ your face. ___
through __ the dark - est of __ your days. ___ If a great __

___ wave __ shall fall _____ and fall ____ up - on ___ us all. __

Then be - tween ____ the sand __ and stone, ____ could you make __
Then I hope ____ there's some - one out there who can bring __

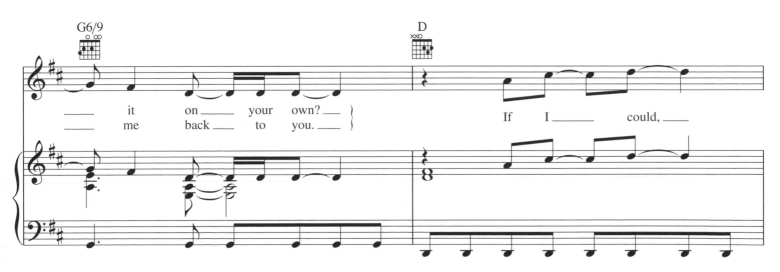

___ it on ___ your own? ___
___ me back __ to you. ___ If I ____ could, ___

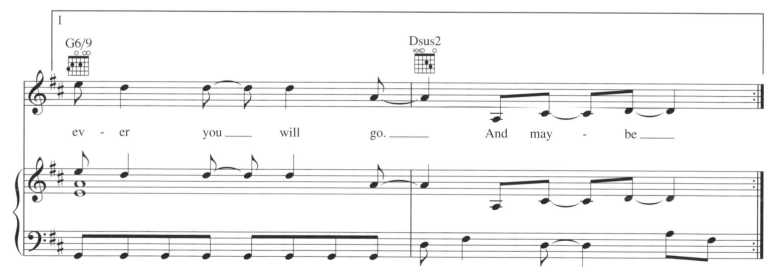

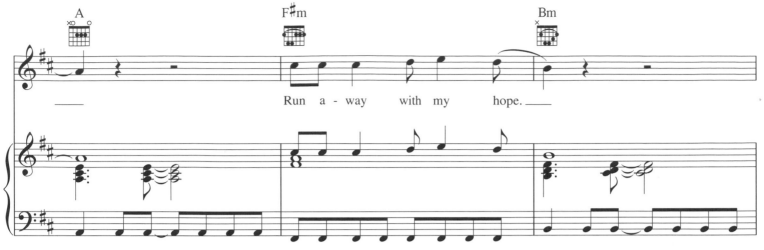

Run a - way with my hope.____

Run a - way with my love._____

I know __ now, __ just quite __ how __ my life __ and love __

____ might still __ go on. ____ In your __ heart, __ in your __ mind __

D.S. al Coda

I'll stay __ with you ___ for all __ of time. ___ If I ___ could, __

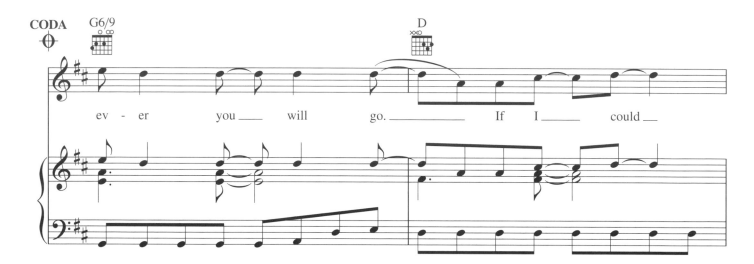

CODA

ev - er you ___ will go. ___ If I ___ could __

turn _____ back time, _____ I'll go wher -

ev - er you ___ will go. ___ If I ___ could ___

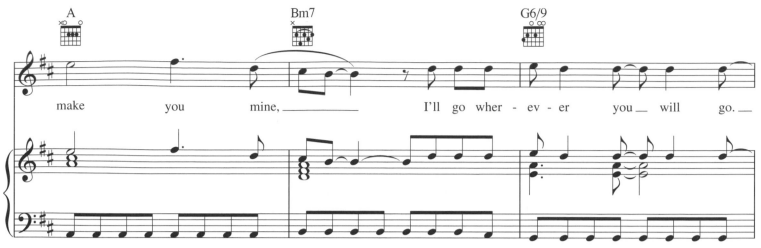

make you mine, _____ I'll go wher - ev - er you __ will go. __

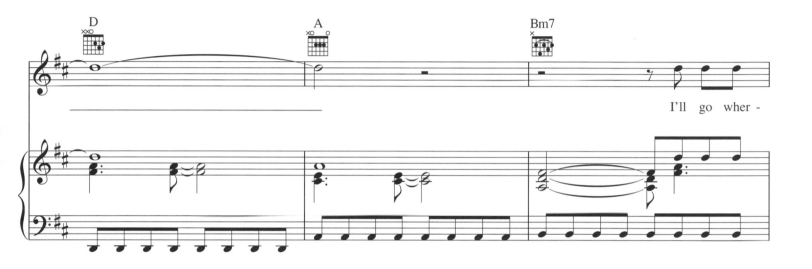

_____ I'll go wher -

ev - er you __ will go. _____

YELLOW

Words and Music by GUY BERRYMAN,
JON BUCKLAND, WILL CHAMPION and CHRIS MARTIN

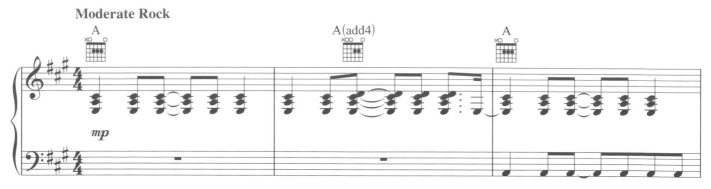

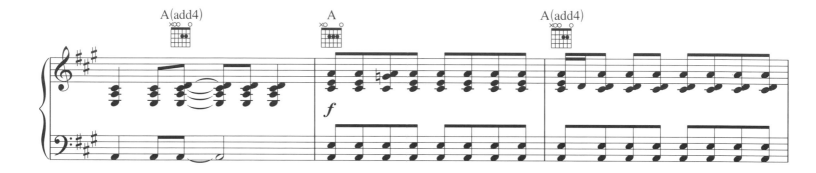

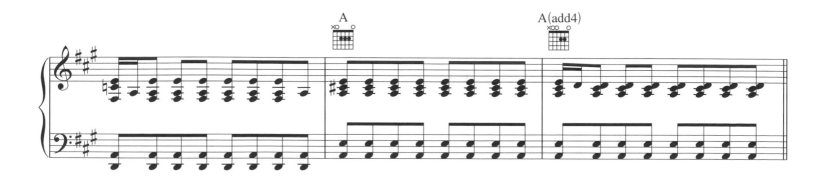

Look at the stars; look how they shine for _____ you,

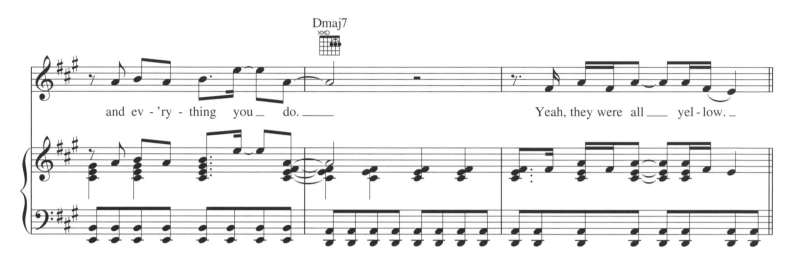

and ev-'ry-thing you _ do. _____ Yeah, they were all ___ yel-low. _

I came a-long; I wrote a song for _____ you,
I swam a-cross, I jumped a-cross for _____ you.

and all the things you _ do, ____ and it was called _ "Yel-low." _
Oh, what a thing to ___ do, ____ 'cause you were all ___ yel-low. _

I drew a line, _____
So then I took my _____ turn.
I drew a line for _____ you.

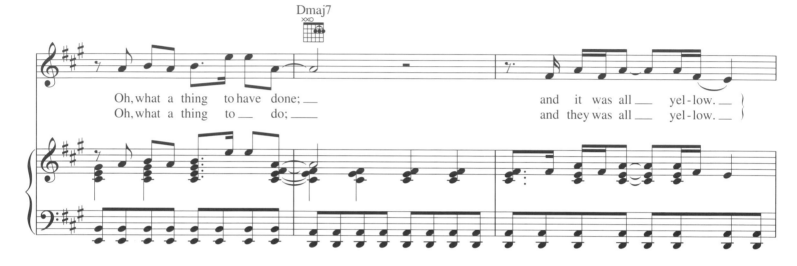

Oh, what a thing to have done; ___ and it was all ___ yel-low. ___
Oh, what a thing to ___ do; ___ and they was all ___ yel-low. ___

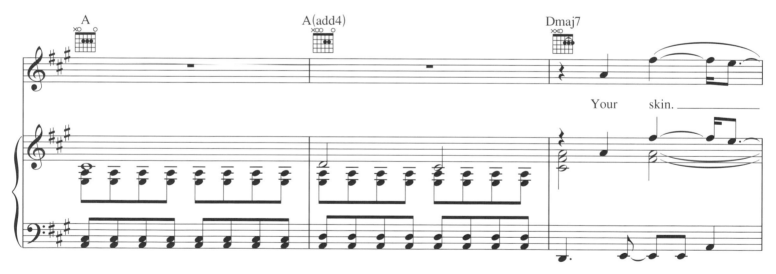

Your skin. _____

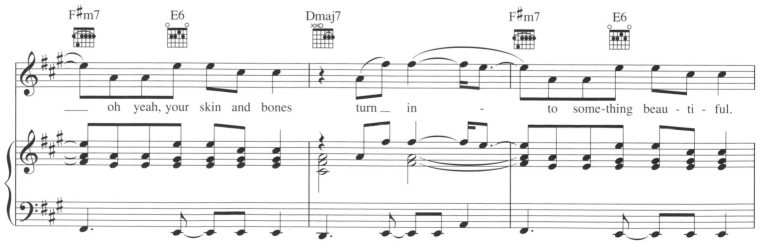

___ oh yeah, your skin and bones turn ___ in - to some-thing beau - ti - ful.

And you ____ know, _____ {you know I love you so, ____
{for you I bleed my - self

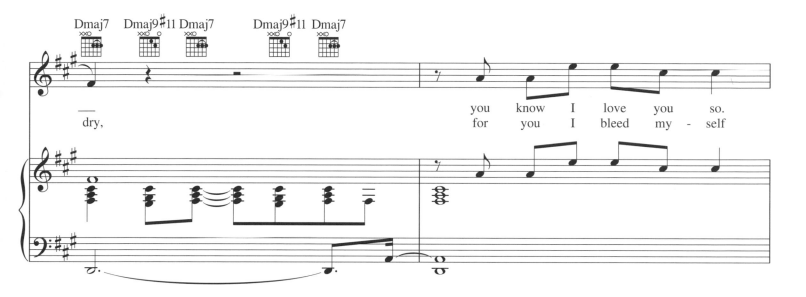

____ you know I love you so.
dry, for you I bleed my - self

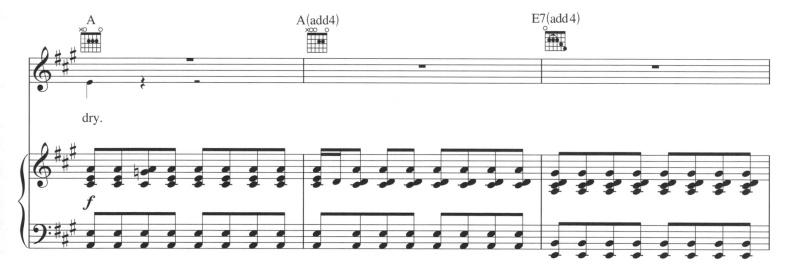

dry.

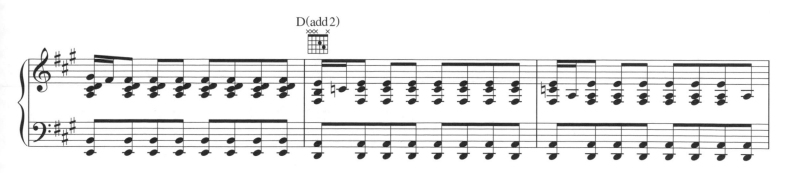

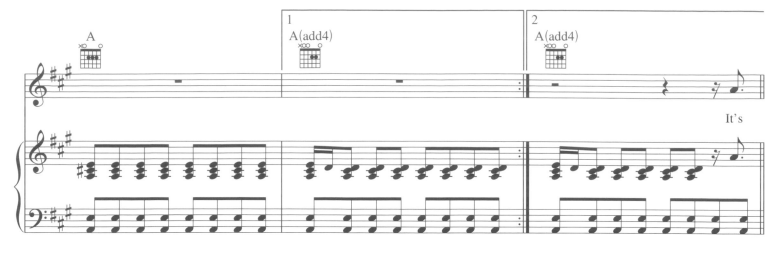

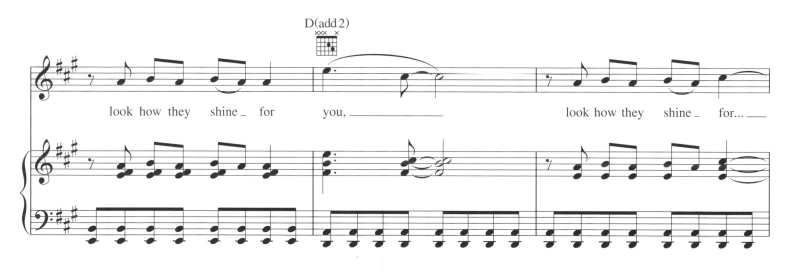

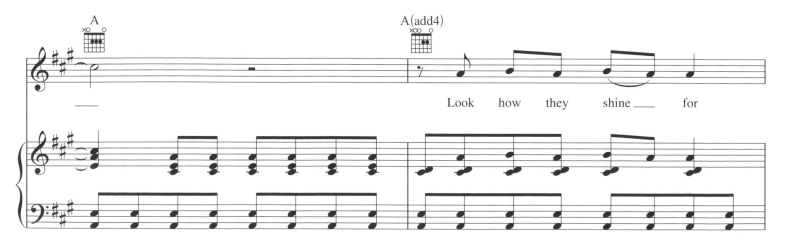

you, _____ look how they shine ___ for

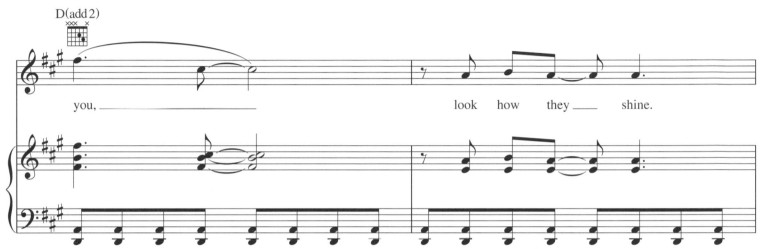

you, _____ look how they ___ shine.

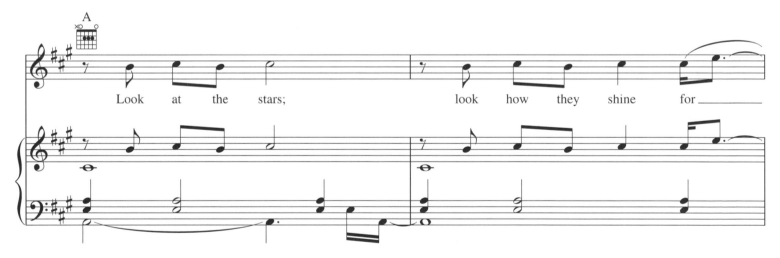

Look at the stars; look how they shine for _____

___ you, and all the things that you ___ do.

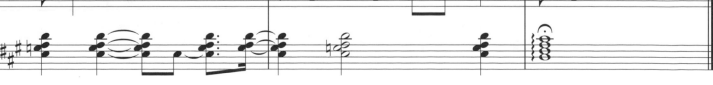

YOU'VE GOT A FRIEND

Words and Music by
CAROLE KING

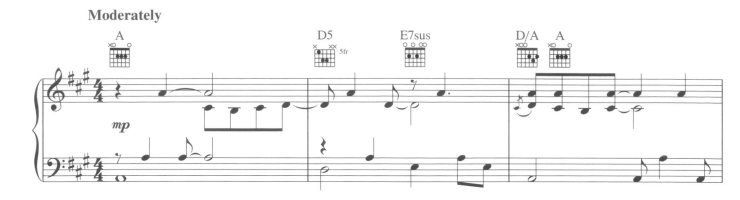

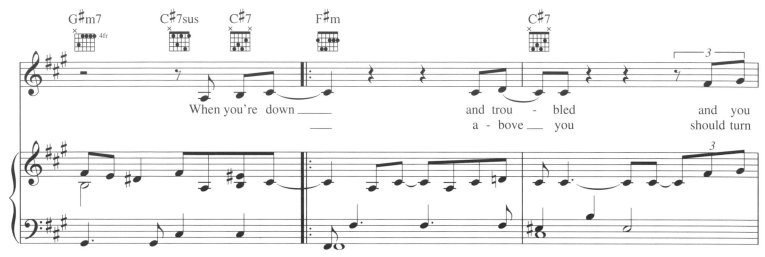

When you're down _____ and trou - bled and you
_____ a - bove _____ you should turn

need a help - ing hand _____ and noth - ing, whoa,
dark and full of clouds _____ and that old north

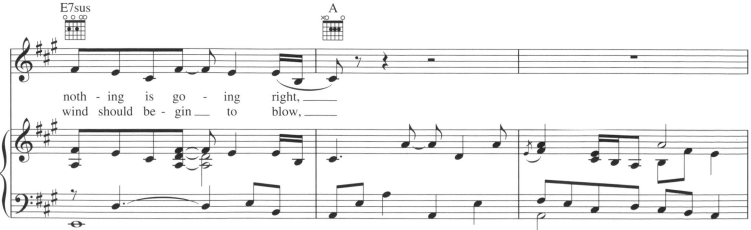

noth - ing is go - ing right, _____
wind should be - gin _____ to blow, _____

*Vocal harmony sung 2nd time only

-ning { oh, __ yeah, ba - by, } to see you a - gain. ____
{ oh, __ yes, I _____ will, }

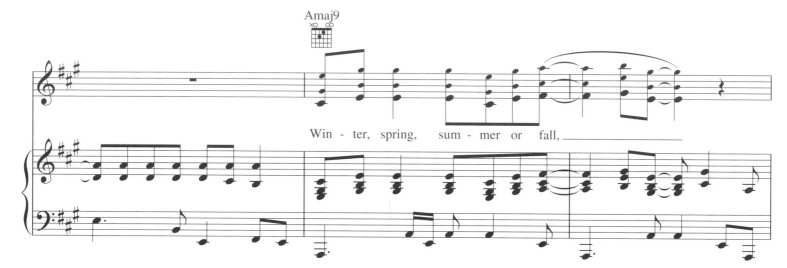

Win - ter, spring, sum - mer or fall, _____

all you've got to do __ is ____ call ____ and I'll be there, ___ yeah _ yeah, yeah; _

____ you've got a friend. ____

If the sky ___ ___ Hey, ain't ___

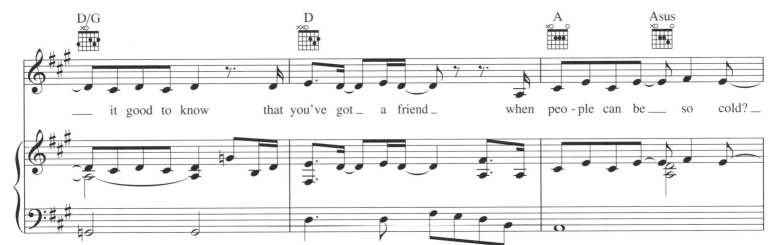

___ it good to know that you've got ___ a friend ___ when peo-ple can be ___ so cold? ___

___ They'll hurt you and de-sert you; well, they'll

take your soul ___ if you let ___ them, oh yeah, but don't ___ you let them.

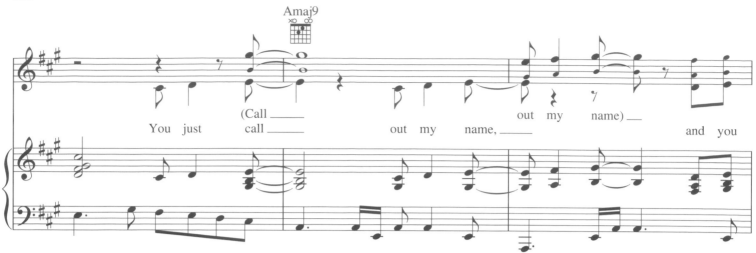

You just call ____ out my name, ____ (Call ____ out my name) ___ and you

know wher - ev - er I am ____ I'll come run - ning __

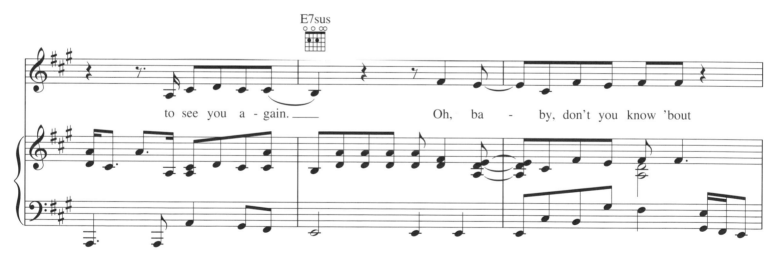

to see you a - gain. ____ Oh, ba - by, don't you know 'bout

win - ter, spring, sum - mer or fall, _____ hey now, all you've got to do is call. __

YESTERDAY

Words and Music by JOHN LENNON
and PAUL McCARTNEY

Moderately, with expression

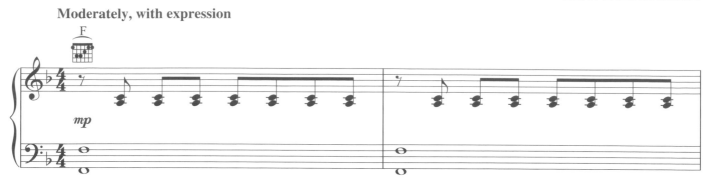

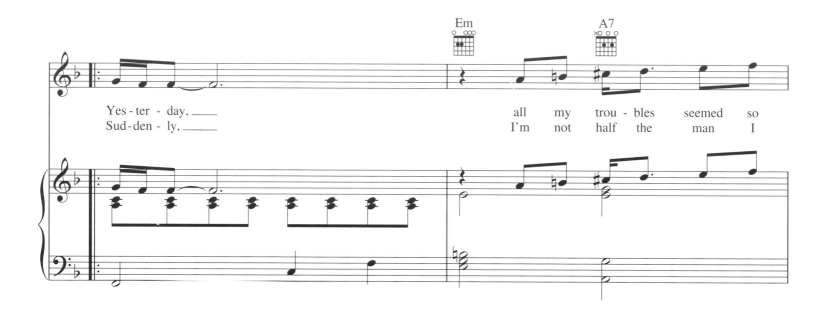

Yes-ter-day, _____ all my trou-bles seemed so
Sud-den-ly, _____ I'm not half the man I

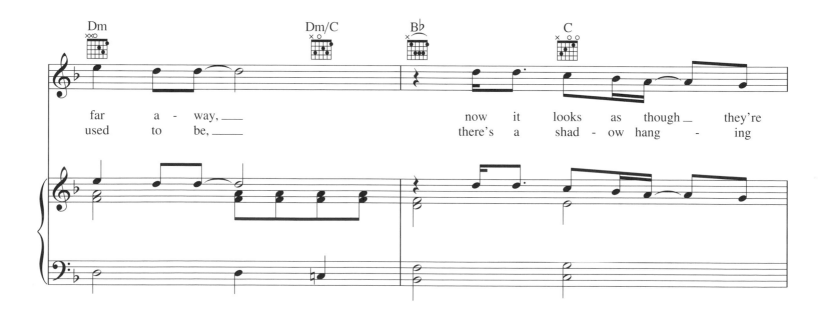

far a - way, _____ now it looks as though _____ they're
used to be, _____ there's a shad - ow hang - ing

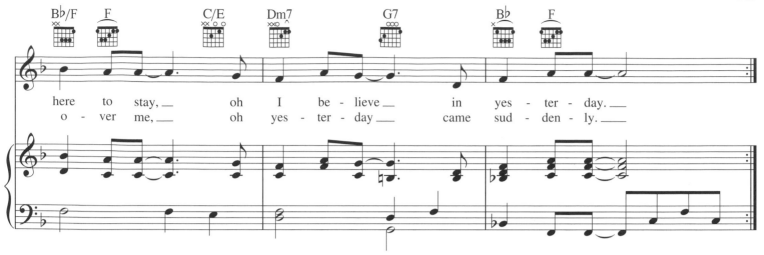

here to stay, __ oh I be - lieve __ in yes - ter - day. __
o - ver me, __ oh yes - ter - day __ came sud - den - ly. __

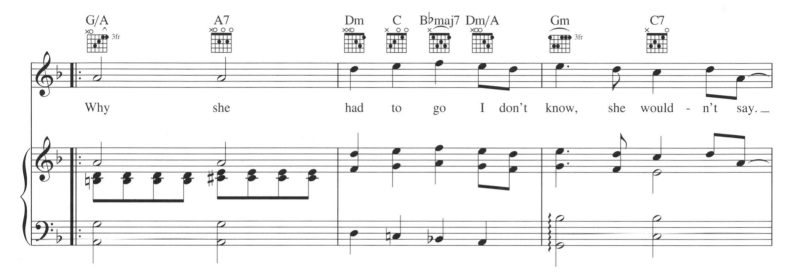

Why she had to go I don't know, she would - n't say. __

__ I said

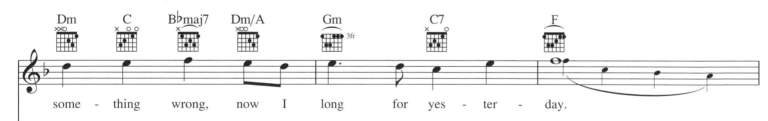

some - thing wrong, now I long for yes - ter - day.

Yes-ter-day, _____ love was such an eas - y

game to play. _____ Now I need a place to

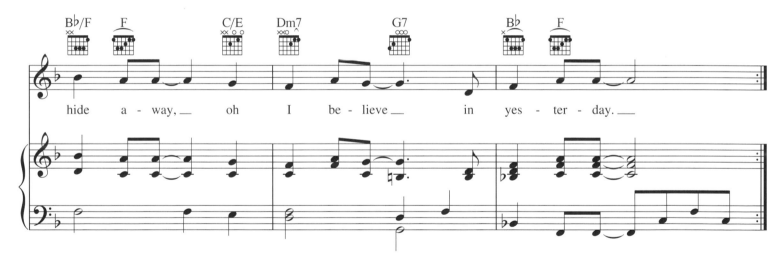

hide a - way, __ oh I be - lieve __ in yes - ter - day. __

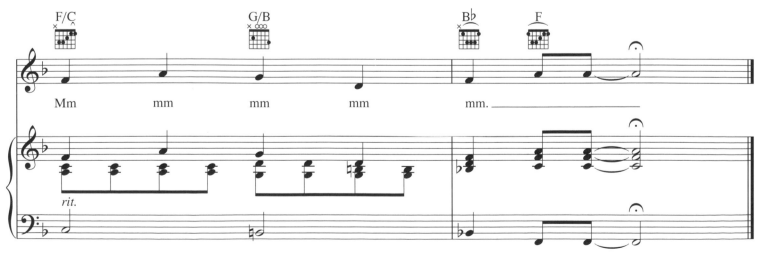

Mm mm mm mm mm. _____